White Trash

Trumpkins

言論審

雙標

塔綠班

4%仔

Lib-tard

Loser

Idiot

失智

失控的蔑視性社會

Beyond Contempt

藍蛆

Redneck

五毛

Dumbfuck

BLOTUS

割韭菜

Erica Etelson

艾瑞卡・埃特森——著

辛亞蓓——譯

Fag

黨工

文字獄

目錄

謝辭

要不是PNDC發明者雪倫・史特蘭・艾里森（Sharon Strand Ellison）的貢獻，我不可能寫出或構想出這本書。她的天資構成了這本書的理智基礎。雪倫，謝謝妳給了我靈感，我真幸運！我也要謝謝PNDC大家庭，因為每次質疑的浪潮向我襲來時，他們總是情義相挺，我才沒有被淹死。

此外，我很感謝審閱初稿和書籍提案的人員：嘉莉・卡斯（Carrie Kaas）、唐・摩爾（Don Moore）、奈德・賴芬斯坦（Ned Reifenstein）、馬克・斯塔頓（Marc Staton）及卡琳・塔梅里烏斯（Karin Tamerius）。你們協助我確認內容沒有離題，給了我繼續寫作的信心。

還有蒙札・娜芙（Monza Naff），謝謝妳的優美詩歌和精神力量，也謝謝妳每天抱我十二次，以及在本德市（Bend）讓我嚐到燕麥粥。

我非常感謝潔西・庫姆斯（Jesse Combs）幫我架設網站，也感謝西門・強森（Simon Johnson）為我整理大量的附註，以及感謝克里斯・庫克（Chris Cook）提供各種有效的建議和支援。

我也很感激以下這些人花了許多時間分享想法和經驗：我也很感激以下這些人花了許多時間分享想法和經驗：麥克・貝爾（Michael Bell）、海倫娜・布蘭特莉（Helena Brantley）、艾瑞卡・布斯特（Erica Buist）、阿米・阿特金森・康布斯（Ami Atkinson Combs）、安東尼・福西（Anthony Fauci）、尼爾・費爾德（Nell Fields）、大衛・弗萊舍（Dave Fleischer）、艾力克斯・吉布森（Alex Gibson）、凱特琳・哈羅德（Kaitlyn Harrod）、約翰・希賓（John Hibbing）、寶拉・格林（Paula Green）、關・強生（Gwen Johnson）、安吉拉・金（Angela King）、路克・馬勒（Luke Mahler）、馬修・梅森（Marshall Mason）、大衛・松本（David Matsumoto）及艾拉・羅斯曼（Ira Roseman）。

謝謝新社會出版社（New Society Publishers）的優秀工作人員，尤其是羅伯・威斯特（Rob West）發現這本書的潛力，以及克萊爾・安德森（Claire Anderson）具備專業的審稿技能。接著，我要謝謝柏克萊公共圖書館（Berkeley Public Library）與全國作家聯盟（National Writers Union）、聯合汽車工會一九八一地方分會的一流服務。

我很感激高尚天使（Better Angels）、客廳對話（Living Room Conversations）及玩轉政治（SMART Politics）組織，為了促進跨越分歧的政治對話所付出的努力，也感謝從不屈服於冷漠、憤世嫉俗及絕望等虛無主義勢力的夢想家和革新者。

最後，我想謝謝家人、朋友及共事的夥伴：過去兩年，謝謝你們經常聽我分享想法，並容忍我心無旁騖的狀態。大衛（David）和連恩（Liam），你們最棒了。我愛你們。

前言

我讀大一時，參與過核凍結（Nuclear Freeze）運動。某天晚上，我辛苦工作到凌晨，用模板印製令人咋舌的手工小海報，上面寫著：「我們不是共產黨員，也不是同性戀……我們只是想阻止核子武器大屠殺。」

不知怎麼回事，這張海報吸引了幾十名學生參加會議。會後，一名研究生私下把我叫到一旁，評論海報上有關恐同症和政治迫害的詞句。我本來不懂這兩個概念，但我不久就了解其中的傷害。那位研究生的說法直截了當，一派輕鬆——不羞辱，不說教，也沒有流露自以為是的憤慨。

假如她讓我感到沒面子，也許我會羞愧地離開，或找守舊的校園團體來撫平「政治正確警察」造成的創傷。但多虧她善用技巧指導我，又不會讓我存有戒心，我才能夠領悟並接受教訓。

我真希望經過此事之後，我能以她為榜樣，在美國各地播撒智慧的種子，最終發展成進步的民粹主義革命運動。但事實不盡然。

就在我大學畢業後的夏季，某天在游泳池邊，我朋友的男友得知我要搬到舊金山後，他表示絕對不會想住在有那麼多「同性戀」的地方。我回答：「如果男人對自己的男子氣概有信心，就不成問題。」若按照一九八〇年代的「性別二元論」標準來看，我的回答有十足的把握，對可悲的恐同者而言，無疑是討厭的回擊。我向他表達「沒什麼大不了」的概念，但我實際上傳達了什麼嗎？該怎麼對言詞尖銳的自由主義者表達憤恨？

我繼續以類似的格調過日子。直到二〇一六年大選，我根據自己的需求收聽喬恩·史都華（Jon Stewart）的節目，以便提醒自己：像我這種受過教育的人，圈子內多半是支持自由主義、進步主義的白人，我們是多麼聰明、多麼優秀啊。接著，噩夢來襲了。支持虛無主義的煽動家奪走了我們僅存的民主思想，並改造成非常糟糕、粗魯又危險的真人秀。

十一月九日，天還沒亮時，我的輕蔑態度漸漸變本加厲，不只是針對川普，也是針對他的支持者。那時，我沉迷在文章、部落格及臉書的筆戰中，不屑程度達到了極點。這些人是誰？就是一群瘋狂、支持種族主義、歧視女性並持槍的蠢蛋，他們把選票投給了自吹自擂、說話冷淡又易怒的有錢騙子。這種騙子顯然會趁著他們坐在電視機前，一邊大口喝著非精釀啤酒，一邊接受肖恩・漢尼提（Sean Hannity）洗腦時，冷不防地放暗箭？

其實我完全不認識這些人。但我認為自己只需要知道：他們是很容易被洗腦的愚鈍鄉巴佬，情願袒胸露背也不願穿上套裝；比起史蒂芬・荷伯（Stephen Colbert）的諷刺才華，他們偏好安・庫爾特（Ann Coulter）的惡毒種族主義；愛吃肉的鄉下人並不是為了遵循原始人飲食法。他們都該帶著重大的錯誤沉入海底。

在我最需要喬恩・史都華時，他在哪裡？我還記得，他上次感謝川普從喜劇天堂搭金色電扶梯下來，以虛榮候選人的身份參選時，他正在模擬性高潮。

我們斥責和嘲笑了一半的人口，但誰又能責怪我們呢？我們怎麼可能不奚落他們？畢竟，我們的敵人早就因為出生地質疑主義、班加西（Benghazi）聽證會、槍械，以及怒斥歐巴馬健保（Obamacare）和跨性別者廁所，而變成不折不扣的瘋子了。他們太愚蠢，又有認知障礙，真可悲。講真的，假如他們不是一群可憐蟲，我們大可同情他們就罷。

還記得小布希連「核」（nuclear）的發音都不會嗎？還記得我們怎麼不小心低估他嗎？兩次吧？然後我們又低估茶黨（Tea Party）怪咖。接著，我們又低估了川普。我們確實該承認自己的狂妄，但我們更該理直氣壯——因為「紅州」土包子的愚蠢再度摧殘美國。

川普當選，使許多人感到難過、憤怒又害怕。我們每天從震驚和畏怯的情緒回過神來，盡量保護自己不受他的歹毒手段影響。通常，我們的防衛心理是以鄙視的形式呈現，融合著怒氣、憎惡及優越感。

人們面對日益寡頭政治化，並結合著軍事、監控、監獄、金融、產業的心理負擔，而共和黨與民主黨政府的更迭並不會產生多大的變化，因此百姓經常需要對當權者說出真話，以及談論關於權力的真相。然而，我們常常以文學評論家提姆．帕克斯（Tim Parks）所說的「無效諷刺法」道出事實：

評定諷刺的標準相當簡單：只要不是朝著積極改變的目標，或無法鼓勵人更開明地思考，便是失敗的做法。但這不代表諷刺的方式不有趣、觀察力不夠敏銳或不滑稽，因為詼諧地嘲弄政敵可以達到既滑稽又令人滿足的效果，也可以強化我們的道德優越感。

不過，若說到諷刺，的確不起作用。最糟糕的情況是，諷刺會使心理狀態受到更大的損害，使偏見兩極化，並激起原本譴責的行為。

帕克斯批判法國雜誌《查理週刊》（*Charlie Hebdo*）對伊斯蘭教先知穆罕默德（Muhammad）的嘲諷方式很荒唐，但他也可能是指美國的自由主義者、進步主義者及政治人物如何培養道德與知識方面的優越感，而這種優越感已引起保守美國人的反感。我們這些自由主義者、進步主義者不只是強烈反對他們的信仰，也對軍國主義、社團主義、父權制、白人至上主義的殘暴大為光火。我們靠著自以為是的高傲態度表達反對，試圖證明他們的論點有誤，質疑他們的智力，並輕視他們視為神聖的價值觀——秩序、穩定、宗教、忠誠、個人主義。

凡是得罪到我們的事，我們也希望其他美國人都覺得被冒犯。假如他們沒有同樣的感受，我們不會表示認同，反而枉費心機地羞辱他們，想說服他們認同我們的觀點。但從我觀察到的事，以及從社會科學反映的情況來看，朝著左派與右派的分歧猛力投擲尖酸刻薄的「實話炸彈」，只會使分歧更加嚴重。

喬蒂・肖克法（Jodie Shokraifard）是支持歐巴馬的勞工階級選民，她沒有參與二〇一六年的大選。她講述自己在臉書看到「迷因」[1]將移民大隊與都市犯罪做對照，令她感到困惑的經歷。當她請臉書朋友解釋迷因時，他們譴責她是「川普腦粉」。沒人願意向她說明迷因的意涵。一個人也沒有。「回答我的疑問，比說我是種族主義者或白目還困難嗎？」喬蒂問。確實如此。這則故事告訴我們，一名女子虛心請教，只可惜傲慢的「朋友」自以為了不起。這種態度很常見，導致無數學習與成長的機會溜走。喬蒂被自由派朋友排擠後，她該請教誰呢？

有一名年輕人告訴我——暫且叫他陶德（Todd）——他向來很尊敬的阿姨得知他是偏向右派的無黨派者後，就開始在臉書攻擊他。她發布長篇大論抨擊共和主義，找他的臉書朋友吵架，並要求他回應是否支持歐巴馬。他表示不支持歐巴馬，原因在於他對醫療保健及其他議題的立場，但阿姨堅持認為他的理由站不住腳，想必是個種族主義者。於是他們的關係變得疏遠，再也無法挽回，這個轉折讓他非常傷心。

美國的政治文化變得愈來愈分裂、惡毒、粗魯、殘忍又可恨。「主流媒體從誤導大眾溝通的方式中，賺了不少錢。」柏克萊新聞研究所的所長愛德華・瓦瑟曼（Edward

Wasserman）說。政治對話成了盲目偏袒、刻薄的嗜血娛樂，對媒體界極為有利，卻對社會極為不利。

左派分子並不是殘酷和仇恨的主要傳播者，但我們在貶低政治對話文化的價值方面是同謀者。我不認為「針對弱勢群體的可憎言論與行動」與「針對助長或默許偏見者的粗鄙、狂妄或有惡意的言辭」這兩者在道德層面同等。然而，我認為前者盛行並不能證明後者盛行的合理性，尤其對象是那些美國夢在沉睡中化為泡影的低收入白人。

即使是參與左派，也會讓人覺得像參與循環砲轟隊。在二〇一六年的初選期間，有些憤怒的希拉蕊支持者譏笑「伯尼兄」，而有些惱火的伯尼支持者譴責希拉蕊是「民主黨內的共用蕩婦」。

或許進步主義者認為挖苦人和沒耐心合乎情理，畢竟我們失守和平與社會正義的速度，就像大冰原質量減少一樣快。我們的對手怎麼會不明白川普與共和黨（以及某些人認定的新自由主義民主黨人）要逼我們跳下懸崖？

1　在網路上迅速傳播的概念、圖像、影片等。

《紐約客》諷刺作家安迪．鮑洛維茲（Andy Borowitz）指出自鳴得意的自由主義者懶得再啟發無知的人：

> 最近的民意調查表明，許多美國人厭倦了為傻瓜釋疑解惑，尤其是談論的問題不言而喻時……根據這項由明尼蘇達大學民意研究所進行的調查，當數百萬人因無法向傻瓜解釋清楚非常基本的資訊，而傷腦筋一段時間時，引起的挫折感已達到了極限。
>
> 有許多顯而易見的事，體現出人們不願意再試著與蠢人溝通，例如氣候變遷會導致棲息地嚴重破壞及駭人的滅絕事實尤為明顯。多數人表示不想再跟笨蛋浪費口舌。

我想，鮑洛維茲是在嘲笑自由主義者的優越感，但我不信我們是他譏諷的對象。川普宣布參選的一週後，這篇文章發表於網路，鮑洛維茲與史都華一樣都乘機利用川普送給諷刺作家的禮物。不過，就像帕克斯批判《查理週刊》的無效嘲諷內容，此文也煽動了原本譴責的行為。

羞辱對手是很危險的事。即使羞辱的方式既巧妙又令人滿意，卻不夠明智。蒙羞的感受參雜著羞愧和憤怒。德國社會心理學家伊芙林・琳德納（Evelin Lindner）形容蒙羞是「情感的核彈」。剝奪別人的尊嚴後，羞辱引起的極大傷害，會使受辱者認為有必要對欺侮者施加更大的痛苦。琳德納指出在德國、索馬利亞、盧安達、塞爾維亞的種族滅絕史中，可怕的蒙羞問題不斷加劇。她學到了索馬利亞諺語：「羞辱比死亡更糟糕；在戰爭時期，言語暴力比子彈更傷人。」

大多數川普支持者的觀點與自由主義者格格不入。當我們進一步將觀點轉化成羞辱、詆毀及排斥別人時，麻煩就出現了。這些「可憐蟲」不僅蒙受可鄙的信念體系，也承受著差勁的品味、低智商及輕信。我們對待他們的方式，就像對待呆板又俗氣的典型偏執狂，或被洗腦的福音派教徒——他們沒有抱怨的正當理由。

我們否認川普支持者發牢騷的合理性，是因為我們忽略了信奉民族主義的白人妖言惑眾，強行控制上述的不滿問題。然而，琳德納警告：「為了我們自己著想，也考量到安全，我們一定要認真研究並關注所有的屈辱感受，因為即使造成的傷害是想像出來的，報復行為卻是血淋淋的事實。」我們剝奪別人的人性時，其實也是在鼓勵別人激發我們的獸性。惡性循環開始運轉時，離心力足以拋棄支撐整個社會的利他主義推動力。

川普堪稱「蔑視之王」。他對國家缺乏積極的願景，經常藉著侮辱敵人來填補內心的空虛。左派沒有持續專注在創造與傳達有效的進步議題，反而利用刻薄的推文和YouTube上的攻訐反擊，以期實現自由派英雄「徹底摧毀」或「擁有」保守政黨。南西・裴洛西（Nancy Pelosi）在二〇一八年的國情咨文，嘲諷地回擊川普時，露出了得意的微笑，因此被封為「傲慢女王」。此事發生在美墨邊境牆的資金問題形成對峙時，川普的「男子氣概」遭到質疑，並被比喻成臭鼬之後。

無論川普有多麼粗魯無禮，我們還是可以選擇自己的表達風格，也就是選擇通往的途徑——作家查爾斯・艾森斯坦（Charles Eisenstein）稱之為「內心深處更美好的境界」。每當我們表達自己的想法，不妨考慮這幾個問題：尖刻的反擊能減輕我的傷痛和恐懼嗎？效果能持續多久？這樣做可以觸動別人的心，或喚起別人的痛苦，然後把我當成同胞看待？

有些人認為務必採取以牙還牙的方式，把重視禮貌的溝通呼籲當作一種保護壓迫者的語氣管制形式，而這種形式令人反感。其他呼籲行動，包括夢想部隊（Dream Corps）的「愛軍」（#LoveArmy）計畫、革命之愛專案（Revolutionary Love Project）、威廉・巴伯（William Barber）牧師的裂痕修復運動（Repairers of the Breach），皆主張團結以及尊重所有人的人性是延續社會正義的先決條件。「愛軍」的使命是在不使分歧加劇的情況下獲勝。該計畫要求成員致力於引導一些原則，例如「互相幫助，互不指責」、「團結起來，互不使喚」、「修補分歧」。

一九五九年，小馬丁．路德．金恩（Martin Luther King, Jr.）為反戰聯盟（War Resisters League）發表演講時，提到公民權利的奮鬥是為了對抗惡勢力，而非惡徒；最終目標是救贖、和解以及創造令人喜愛的社群。「憑著滿腔恨意和怨氣去報復，只會增強宇宙中的仇恨……人要有足夠的理智和道德觀，才能切斷憎恨的鏈條。」他說。

經過幾十年的回響，我在二〇一九年的排外與歸屬大會（Othering & Belonging Conference）聽到同樣的觀點。牧師班．麥布萊（Ben McBride）的停戰行動（Operation Ceasefire）計畫，使加州奧克蘭的謀殺率降低了四〇％，並呼籲聽眾「嚴以治理，寬以待人」以及禁止排擠對手：「如果你在過程中成了暴君，抵達樂土又有什麼意義呢？」他成立的PICO加州（PICO California）組織致力於消除隔閡，而非決裂。

二〇一七年，黑命關天（Black Lives Matter）運動的共同創辦人艾莉西亞．加爾薩（Alicia Garza），在底特律發表一場有影響力的演講，也引起了類似的共鳴。她省思不僅要壯大權力，還要改造權力的需求，並籌劃一些跨越不同界限的運動，避開復仇的欲望，以期召喚人們回歸人性。儘管她的演講主要與白人女性在社會正義運動中發揮的作用有關，我相信她闡述的原則也適用於保守主義者。

凡是抵制解放關係潛力的運動，注定會失敗。凡是認定不可能實現變革的運動，終究徒勞無功。即使有機會，也不是每個人都樂於追求變化。但許多人願意改變，而我們的任務就是創造出比現狀更有吸引力的另類選擇。殖民化、資本主義、帝國主義、白人至上主義、異性戀本位、父權制——這些體制都會毀壞人際關係的連結。我們發起的運動一定要有所不同：謀求建立許多不同類型的關係，抵制拆散我們的體制，遏制恐懼和仇恨，排斥凌駕一切的權力，支持權力共享……我們要研究如何創造嚮往的世界，同時廢除不嚮往的世界。

並不是所有人都贊同偏激的包容理念。有些人認同理論，卻無法或不願意遵守。信念攸關網（Faith Matters Network）創辦人珍妮佛・貝莉（Jennifer Bailey）牧師憐憫地解釋，有些人承受的痛苦太過沉重，以至於無法豪爽地參與消除鴻溝的行動。付出的過程多多少少需要「被討厭的勇氣」，而這一點對受到白人至上主義、異性戀父權制或階級歧視傷害的人而言，是不可能的任務。

《失控的蔑視性社會》代表我個人決定如何與那些我認為觀念有害、危險或不合理的人溝通。身為體格健全、財務穩健、順性別、異性戀、在本土出生的猶太裔白人女性，我不受川普引起的諸多威脅影響，也不想批評被壓迫者決定如何保護自己或表達悲傷、恐懼及憤怒。因此，我藉著這本書發出邀請，而不是開處方箋。

《失控的蔑視性社會》是為了自由主義者和進步主義者而寫。他們希望能夠與數千萬支持川普及其觀點的美國人交流。在這些人當中，也許有你的家人、朋友或鄰居，還有你在二〇二〇年夏季與秋季拜訪的選民，或觀看你的推文、部落格、臉書貼文、寫給編輯的信、競選廣告的人，以及聽你說話的人。如果你從二〇一六年開始，一直在躲避川普的支持者，或帶著怒氣而受宿醉之苦，那麼你很適合讀這本書。

前半部分深入探討輕蔑態度的互動關係、產生的過程與原因，以及一般人遭到蔑視時的不當回應。我評述文化的樣貌，指出媒體和政治充斥著鄙視，絕大部分是針對階級。我也說明支持川普的選民遭到蔑視，往往與漸衰的白人勞工階級社群福祉遭到漠視密切相關。

我們可以情緒激昂地發怒，可以追究違法者的責任，甚至可以挑釁和搗亂。但是，如果我們以刻薄的言辭謾罵，長期在推特（Twitter）參與挖苦的爭吵，以冷嘲熱諷或自以為是的方式表達看法，純粹是為了抨擊有異議的人，那麼我相信這些做法對我們的志業是一種傷害。我們在言談中添加惡意中傷的內容時，只有一搭一唱才能領略箇中滋味。

假如你讀完前三章，認為藐視和責罵川普的支持者只會適得其反，那麼我很歡迎你繼續讀本書的後半部分，試試不同的表達方式。

幾年前，我偶然發現雪倫．史特蘭．艾里森（Sharon Strand Ellison）的職業。她創造了新穎的交流方法：「強效溝通法」（Powerful Non-Defensive Communication；商標為PNDC），並培訓了數千名教育家、律師、政府官員、企業與非營利組織的領導人。此外，在俄勒岡州第一位女州長芭芭拉．羅伯茨（Barbara Roberts）落後的競選中，她被公認以「強效溝通法」培訓羅伯茨而扭轉了局面。她也培訓一些行動主義分子；這些人成功阻止了俄勒岡州的投票方案，該方案主張對公立學校同性戀教師的歧視應當合法化。

我與艾里森進行廣泛的合作，將「強效溝通法」應用於當前的政治分歧，使自由主義者、進步主義者能夠以消除敵意的方式與保守主義者互動，並創造出尋找共同點的可能性，或至少不鼓勵他們死守自己的立場。本書的下半部分內容，主要展現艾里森在表達問題與聲明方面的天賦，她運用的方法有助於敞開心扉、分享想法，或至少不讓想法塵封。我做過幾十年公眾利益律師和行動主義分子的工作，如今不得不努力克服一些對立和自作聰明的溝通陷阱。我的「強效溝通法」技能依然有進步空間；有時，我會回到說服、評斷或因感到厭惡而退縮的狀態。但請放心，艾里森的專業知識能夠引導你避開我列在第四章、第五章、第六章的弱點（除了溝通技巧外，本書傳達的觀點出自我個人，與她無關）。

本書中的溝通指導，主要適用於與一般人進行的一對一交談。與這些人交談時，你會希望自己不發脾氣。當你的策略包括對話或談判時，指導內容對你與有權有勢的人（及其員工）互動也有助益。最後，有一些要點可供撰寫或談論爭議性話題的媒體評論員、行動主義分子參考。

《失控的蔑視性社會》並不是號召大家附庸風雅或卑躬屈膝，而是邀請大家重新找回和重塑有禮貌的民主概念，透過傾聽、理解及商議來促進公共交流。加拿大哲學家馬克．金威爾（Mark Kingwell）所言極是：「以禮儀為導向的社會，能容許激烈、甚或發生爭執的政治辯論，同時保有我們應當考慮結合的目標：思想有改造的可能性。」只要美國是民主國家，我們就得與保守派共享——選擇在於以促進理解與善意的方式，或以激起仇恨的方式與他們溝通。

「強效溝通法」不提倡惺惺作態、假裝尊重討厭或危險的信念，或將正義置於禮貌之下，既無關乎某些人認為遵守禮節規範是權勢人物為了免於公共問責而制定，也無關乎和解或妥協——除非是適合改革主義議題的策略。更確切地說，這套方法是關於傾聽敵方，並闡明你的立場，熱情又慈悲地打造你期望居住的美好世界。對我來說，在這更美好的世界中，有責任卻沒有恥辱，有和解卻沒有虐待，有怒氣卻沒有殘忍，有憤慨卻沒有表現出來的暴行，還有堅守信念的熱情，以及憐憫那些因我的信念而倍感威脅的弱者。

我很重視「強效溝通法」，因為這套方法能引導人在說真話的同時，不責怪、不詆毀、不無端樹敵。我們可以擁護論點、靜坐示威、大聲疾呼、歇業。我們可以遊行、罷工、聯合抵制。我們可以使那些對人類和生態危機漠不關心的機構瓦解。我們可以自由運用一系列的策略。如果我們不把策略當成戰爭的武器，而是作為促進理解與行動的工具，這些策略就會帶來更大的價值。

在我的言談中，我可以選擇不刺傷殘忍的人。我說話時，是為了表達自己的痛苦、恐懼或憤怒，而不是為了責備或懲罰那些虧待我的人，也不是為了展現自己有多麼聰明或清高。我說出自己的想法時，能夠不貶低其他人。

在社會正義的奮鬥中，難免會出現敵對的狀況。小馬丁・路德・金恩率領民權示威者投入不使用暴力的公民抗命時，許多人不贊成他們採取引起混亂的對抗策略，但反對聲浪並沒有削弱公眾對動蕩時期頒布民權法規的支持。我認為原因在於，金恩沒有發起無端的人身攻擊，也沒有將社會運動中的種族主義對手妖魔化。金恩曾經讚揚早期民權運動領袖杜波依斯（W.E.B. Du Bois）：「他並沒有沉溺於謾罵洩憤，並退隱到沾沾自喜、被動滿足的狀態。」

對金恩來說，社會正義奮鬥的根源在於喜愛的社群，而衝突能透過化敵為友，並為人心帶來奇蹟的方式達到和解。也許，我在精神上無法像金恩那樣善待或關愛敵人，但我領悟到激起他們的仇恨毫無意義，也很危險。

川普不認同金恩。在一九九〇年的採訪中，川普提起當時的布希總統：「他談到更寬容仁慈的美國時，我不以為然。如果我們的國家變得更友善，肯定會滅亡。」川普把同情心視為大敵，但我們也這麼認為嗎？

川普崛起的諸多潛在因素中，其中包括政治文化的有害形勢，洋溢著辛辣的批評，並缺乏同理心。愈來愈多意見領袖和政治人物做事偏向好鬥、卑鄙、自命不凡的作風。雙方皆以不同的方式和水準行事。你可以找到許多關於右派遊手好閒者心胸狹窄、不老實、挑撥離間等滑稽行為的書。但這本書是關於我們的劣根性，與他們無關。

多數美國人對黨派間的分歧感到精疲力竭，並表示不道德的文化導致他們對政治漠不關心。他們心不在焉後，更容易在投票處做出無知的決定，或乾脆不投票，使選舉交由許多有錢人、狂熱教徒或美國來福槍協會（NRA）成員的選民掌握。左派本身有忠實的基礎，但我們也需要所有種族中逐漸冷漠的藍領游離票參與。

隨著二〇二〇年大選開始，對核心地區和阿帕拉契山區選民的鄙視，並不符合需要。普立茲社論寫作獎得主、支持進步主義的民粹主義者阿特．庫倫（Art Cullen）的文章刊登於愛荷華州風暴湖市（Storm Lake）的當地報紙，他批評柯林頓家族這類民主黨人藐視愛荷華州是「飛越之地」……換句話說，愛荷華州的政黨決策會周而復始，他們突然「空降」，對鄉村的困境表示失望。我在第二章提到，核心地區在這過程中變成了「蠢事發源地」，其麻煩被貶低為種族主義老白人傻瓜釀成的創傷，忽略了這些傻瓜在五百三十八張選票中占了一百五十九張的事實。

許多左派分子相信，與其把時間浪費在庫倫的中西部游離票，不如努力帶動年輕人及少數族群等選民。說到投票率，我偏好採取兩全其美的辦法。二〇一六年，搖擺州的各種族有大批勞工階級選民決定不投票，數量遠遠超過希拉蕊預計損失的票數。此外，不少在經濟上屬於民粹主義的歐巴馬選民轉而支持川普，足以在關鍵的選舉州稍占選舉優勢。在二〇一八年的中期選舉，民主黨的勝利是高投票率及川普選民翻藍的結果（政治學家認為這些選民可能在二〇二〇年搖擺不定）。

根據共和黨戰略家阿里・弗萊斯徹（Ari Fleischer）的說法，川普的連任策略也取決於翻轉白人勞工階級的游離票。但可惜的是，「勞聯—產聯」（AFL-CIO）的政治組織分部「美國動起來」（Working America）調查了數千名搖擺州的選民後，發現許多人對川普的表現感到矛盾，並願意在二〇二〇年拋棄他。我們無法靠著不屑態度贏回藍領白人的選票。

想想凱特琳・哈羅德（Kaitlyn Harrold）這類年輕的賓州中間選民，她不久就後悔把選票投給川普。她從小在匹茲堡的傳統白人郊區長大，通道兩邊都有她的家庭成員。她沒有欣賞的候選人，但受到幾位海地裔美國同事的影響。他們要投給川普，因為他們認為柯林頓基金會（Clinton Foundation）濫用了為海地地震災民籌集的款項。哈羅德也認為川普很富有，不太可能變成當局的傀儡。

她不贊同川普的偏執，但她搬到匹茲堡，遇到那些眼睜睜看著好朋友在街上遭到槍殺的人後，她才漸漸了解系統性種族主義。「家鄉是我熟悉的一切，社群也深深影響著我。我看不見大局。」她解釋。一旦她開始同情飽受種族主義和貧困折磨的受害者，道德準則就改變了，並將政黨登記改為民主黨。她並不是因為同事的威嚇而改變心意，而是因為同事與她分享一些故事。她投票給川普也是出於對海地裔美國人的同情，因為她認為希拉蕊對他們不公正。

還有多少人像哈羅德這麼正直，沒有根深蒂固的保守意識形態，但偏狹的成長環境把他們引向了川普？當我們用輕蔑的態度對待他們時，又有多少人向川普投誠呢？

在《反抗法則》（*Rules for Resistance*）一書中，全球各地反對獨裁政體的老手懇求美國人不要重蹈覆轍——輕視對手是愚蠢、容易上當的種族主義者，引起種族間的分裂。「別憎恨投給川普的人，」印度記者暨納倫德拉．莫迪（Narendra Modi）的評論家薩特恩．波多洛利（Satyen Bordoloi）寫道：「即日起，試著了解他們，與他們建立友善的關係……別用言語逼迫中立者轉而支持偏執者。」在我為本書做研究的過程中，我聽到美國保守派發表的看法很一致；他們非常重視忠誠度，自由派的蔑視態度使他們對川普更加忠誠，並使他們對敵方（我們）的憎惡增添凝聚力。「也許川普是個傻瓜，」保守派記者羅德．德雷爾（Rod Dreher）表示：「但他只是敵人眼中的傻瓜。」

二〇二〇年後，無論是誰掌權，爭取和平、社會正義及環境正義的奮鬥永不止息。我們當中有許多人都在不停遊說、集會、寫作、演講、製作電影、創作藝術、起訴、教學以及發表推文，讓未來朝著正義之路前行。在努力的過程中，我們可以恭敬地與那些懷有不同價值觀、期望、恐懼、煩惱及論據的人交流，或至少保持中立，以便加速變革、消除反對聲浪、增強凝聚力。

本書的重要基本前提是，維護個人的人性並不需要貶低其他人的人性。即使對方不懂得尊重人，我們還是可以對所有人表達敬意。舉凡主張羞辱和打壓對手的觀念，皆深植於艾里森所說的「溝通的戰鬥模式」，而這種模式的對話猶如一場有勝負的戰役。我們應戰的職責就是以暴力恫嚇敵方。在戰鬥中，這種力量有毀滅性。在溝通過程中，這種力量會造成並維持巨大的鴻溝。

《華盛頓郵報》專欄作家瑪格麗特・蘇利文（Margaret Sullivan）向在川普掌權時代辛勤工作的記者，提出明智的建議：「別自視甚高，要保有使命感。」她給記者的建議（許多《華盛頓郵報》作家都忽略了）同樣適用於行動主義分子、當選官員、有影響力的領導人，以及我們這些人。追究有權勢者的責任，比以往更加重要。要做到這一點，最好保持一定程度的謙遜態度。《失控的蔑視性社會》邀請你學習如何以正直、熱情及同情心，跨越巨大鴻溝並進行溝通。你能從中了解如何在言語間注入化解敵意、建立良好關係的力量。或許你也會發現，在偌大的鴻溝中，某個地方有一座充滿共同點的島嶼——我們在那裡顯現人性：犯錯、複雜、悲傷、快樂。

第一章
輕蔑及引起不滿的原因

如果我們把社會上一半的人當成可憐人看待，就沒有資格期待他們的關注。

——愛德華．盧斯（*Edward Luce*），《西方自由主義的隱退》（*The Retreat of Western Liberalism*）

心理學家約翰・戈特曼（John Gottman）觀看已婚夫婦的幾分鐘談話後，能夠以九十四%準確率預測他們在十五年後是否還會在一起。離婚的首要因素是什麼呢？輕視。

在五十六對夫妻中，有七對因伴侶無法參與六週年結婚紀念日，而互相嚴厲批評、鄙視、酸言酸語。假如戈特曼隨機猜測哪幾對夫妻注定向法院訴請離婚，他有〇・〇〇〇〇〇〇〇〇〇四%的機率準確辨別出這七對夫妻。戈特曼並沒有特異功能，但他明白輕蔑態度摧毀人際關係的力量。如果蔑視會逐漸破壞兩個打算共度一生的成年人之間的愛，可想而知也能對政治對手造成什麼影響。

如果你無法想像，不妨看一部標題為「反法西斯主義標誌的寓意」（Man Gets Schooled by Anti-Fascism Sign）的兩分鐘影片。這部影片來自西雅圖的二〇一八年勞動節集會，當時二十一歲的路克・馬勒（Luke Mahler）穿著「愛國祈禱者」T恤，旁觀者質疑他，因為他試著撕毀寫著「以人道之名，我們不願接受法西斯主義的美國」的廢棄標牌，但最後沒有撕下（「愛國祈禱者」是另類的右派組織。儘管我撰寫本文時，南方貧困法律中心〔Southern Poverty Law Center〕沒有把「愛國祈禱者」當成仇恨組織，該組織卻與仇恨組織有交集，並引起與反法西斯主義示威者的暴力衝突）。

起鬨者嘲笑馬勒的能力和智力，暗示說附近的亞馬遜辦公室有「受過教育的工程師」能夠幫他解決困難。「老兄，你需要自由主義者的幫忙。你竟然沒想到這一點，也太蠢了吧。」其中一人說道。這段遭遇的影片在網路上瘋傳，助長了網路論壇接連不斷的嘲諷。有兩派發表幾百則有恨意的評論：一派認為馬勒是應該遭到奚落的納粹黨人，而「另類右派分子」則因他受辱而感到氣惱。

網路上的詰難者醉心於侮辱馬勒，罵他是「笨蛋」、「廢物」及「娘砲」。據說，他們設法害他被當地的餐廳解雇。有些人還嘲笑他罹患「男性女乳症」和「肌無力症」，直接推測他是處男，並期待他被活生生打死。

我瀏覽這些惡毒的評論時，經常分不清這兩派有什麼區別：

「你是個有基因缺陷的怪物。」

「他應該好好珍惜自己的牙齒，因為很快就會有人把他的牙齒從愚蠢的腦袋敲出來。」

「沒有其他事比看著可悲的納粹黨人被羞辱更有快感。」

「大家都看得出來，他有多麼悲哀和白目……還不如自盡算了。」

偶爾有評論者擔心言語暴力太偏激，主要原因是馬勒患有自閉症。但這種悖論很快就被當成法西斯主義者的辯解而消失了。當有人說：「取笑別人的軟弱，違背了自由主義的價值觀。」其他人則回應說：「取笑別人與自由主義的價值觀背道而馳。但幸好，保守派和另類右派都沒心沒肺。」

馬勒表示，他試著破壞標牌並不是因為上面寫的字，而是因為設計者是「反法西斯主義」（Refuse Fascism）組織。幾個月前，他聲稱該組織用閃光炸彈襲擊他的組織成員（鮮為人知的「愛國祈禱者」分支）。（他提供我閃光炸彈的一小段影片。）我問他對正在經歷的公開羞辱有何感受時，他沒有表現出任何情緒，只說自閉症使他很難察覺諷刺的意味。

我不太了解馬勒。也許他是徹頭徹尾的白人民族主義者，或如我認知的言論自由捍衛者，很尊重朋友和組織成員中的回教徒、同性戀及拉丁美洲人。也許他是涉足「另類溫和派」的大三生，想了解自我。又或者，以上皆是或以上皆非。但對質問者而言，馬勒是典型的白人民族主義者，缺乏人情味，理應遭到惡毒的鄙視。

根據一名精明的評論者預測，假使馬勒當初還不是厭女者，此時已經成了厭女者。（厭女者是指在網路上歧視女性的非自願獨身主義者。）「另類右派」在網路論壇和遊戲網站，大肆批評患有自閉症、憂鬱症及社交恐懼症的人。無論是孤獨、焦慮或憤怒的情緒把那位年輕人引向「愛國祈禱者」，都只會落得被放大檢視的公開羞辱下場。

或許，這些詰難者認為自己無情地羞辱種族主義者是正當的行為，但感覺自己在做對的事，不一定代表為所應為。

輕蔑的本能反應

輕蔑是一種複雜的心態，由憤怒、厭惡及常見的優越感交織引起。我們面對自己不尊重的人時，就會產生這種藐視的態度，並想要排斥或懲罰對方。我們藉由面部表情和聲音表達不屑，比如譏笑、翻白眼、冷笑、嘆氣、發出不贊同的嘖嘖聲。下次，你察覺到自己對別人翻白眼時，捫心自問這是什麼樣的感受。（假如對方是你的配偶，那就找個時間見見戈特曼醫生吧。）

輕蔑通常是指地位較高的人瞧不起地位較低的人，如常見的用語「不值一哂」所傳達的意思。在流露輕蔑的言行中，我們表明自己比鄙視的對象更優越以及在社會上的優勢。

大腦可以在一瞬間評估另一個人的道德或智力是否較差，因而漠不關心。一般而言，我們會連帶看不起對方的性格，而不是針對特定的冒犯行為或特徵。假如我輕視某個人，那麼就「話不投機半句多」。不經意的冷笑或暗諷，通常足以把鄙視的對象打發走。

川普以粗魯的輕蔑態度對付二〇一六年的競爭對手——稱他們是「騙子泰德」、「小馬可」及「弱雞傑布」。此時，他在為二〇二〇年與「瞌睡喬」、「瘋狂伯尼」較勁做準備。如果電視或廣播名人希望填滿廣播時間，並取悅黨派支持者，他們可能不只是冷嘲熱諷，也會長時間沉溺於幻想蔑視對象的愚蠢、荒誕及道德責任。

輕蔑的「情緒出口」是為了排斥或懲罰地位較低的人。我藉著鄙視，使踰矩的人感到羞恥，然後漠視他們。我甚至可能不會特地解釋自己的觀點依據——顯然我很優秀，沒察覺這點的人都很無知。換句話說，我把踰矩者當成無可救藥的人，或像希拉蕊把一半的川普支持者歸類為可悲者。

希拉蕊的支持者認為，反擊這些可悲者的錯誤很不公平。也許吧。她接下來未被報導的發言部分，確實有同理心地談論川普的另一半粉絲圈——這些人對政府和經濟很失望，也認為沒有人在乎他們。但在二〇一八年，她依然貶低核心地區，並將失敗歸咎於失勢的居民。

「你看一下美國的地圖，中間的紅色區塊代表川普佔上風。我贏得了沿海地區，但地圖沒有顯示出我贏的是代表美國三分之二國內生產總值的區域。也就是說，我贏的是樂觀、多樣化、有活力、有進展的地方。」

誠如希拉蕊的聲明，假設她的沿海菁英圈子很樂觀、多樣化、有活力、有進展，那就意味著紅州選民代表悲觀主義、白人的民族優越感、毫無生氣、落後。

在政治方面，感知能力可以反映現實。如果投票團體認為希拉蕊鄙視他們，那麼她難辭其咎。再者，她未經證實就譴責「一半」支持川普的選民是可憐蟲，使川普的支持者都質疑她針對他們。由於他們有五〇%的可能性被歸類於可悲者，他們很憤怒，彷彿回到歐巴馬在二〇〇八年的競選過程發表以下看法時的情景：「他們變得很刻薄，依賴著槍械或宗教，或對與他們不同的人產生反感，或利用反移民或反貿易的觀點來說明挫敗的原委。」八年後，愛荷華州人丹尼斯・施明克（Dennis Schminke）引用歐巴馬的評論，作為他投票給川普的部分理由：「他的評論以及整件事，都已經消磨得差不多了，包括依附於上帝與槍械、害怕跟他們不同的人等等。別再用高人一等的口氣跟我說話。」

輕蔑令人惱火，而由此產生的疏離感會持續很久很久。

蔑視川普及其粉絲圈

一天下來有好幾次，美國人受到川普展現「伊斯蘭恐懼症」、好鬥、厭女症、白人至上主義、自戀、虛偽、不稱職、無知的影響。在頭一年，我照單全收。我很享受憎恨的過程。看著川普做出卑鄙的行為或糟蹋英語，能讓我產生莫大的優越感。除了強烈反感和盛怒，真正讓我過度關注川普的起因是我瞧不起他。

普林斯頓大學的心理學家蘇珊・菲斯克（Susan Fiske）觀察到，當人產生輕蔑的心態，大腦的酬償中樞就會如同人受到表揚時一樣活躍。換句話說，藐視別人的感覺很棒。我們向對手宣洩這種情緒時，可以產生暫時提神的效果，就像前文提到以質問標牌為樂的人。當我認為川普或他的支持者太過保守、遲鈍時，其實是相對認為自己是穩重的天才。假設他們是種族主義者，那麼我在道德方面更勝一籌。假設他們是容易上當的「假新聞」消費者，我則是有見識的自由思想家。假設他們被恐懼和憤怒牽著鼻子走，我則是內心世界很複雜的理性參與者。此外，假設這些不學無術、擔憂的偏執狂掌控權力槓桿，我很想表現出不屑的態度，藉此表示我比他們更占優勢。那些相信種族主義的年老白人，究竟什麼時候才會相繼消失？

輕蔑對心靈沒有益處。從二〇一六年開始，對於心靈每天受到打擊的左派分子而言，輕蔑能帶來一種難以抗拒的滿足感，並讓他們覺得這是情緒方面的自我調整與保護的必要形式。川普的髮型、體格及不斷盛氣凌人地說話，彷彿大量提供吃到飽的可鄙佳餚。從他宣布參選的那一刻起，我們就奚落他、笑他胖、挑他的文法錯誤，還認為他有病。我們笑了，笑得很開心。直到選舉日當天，東部標準時間晚上十點半左右，我們哭了。

我們感到內疚，但時間不長。我幾乎每天都聽到別人形容川普是瘋狂又肥胖的橘色奇多（Cheeto）餅乾。二〇一九年七月四日，行動主義分子在國家廣場（National Mall）升起一顆川普穿尿布造型的大氣球。他堅持要蓋美墨邊境牆時，南西．裴洛西質疑他的男子氣概。我藐視他當選的合理性，開始特別稱他為美國大騙子（BLOTUS）。

我們這些自由主義者、進步主義者沉浸在容易產生的滿足感，嘲弄保守主義者的方式違反了自己的價值觀。例如，我們嘲笑克里斯．克里斯帝（Chris Christie）是胖子，羞辱梅根・凱利（Megyn Kelly）是蕩婦，嘲諷川普與普丁（Putin）的「兄弟情」其實是同志情誼，也批判許多人的智商，在此不一一列舉。我們貶低「偏激右派瘋子」的「狂熱之夢」，藉此詆毀患有精神病的人和保守主義者。我們把以鄉村為主的州稱為「飛越之地」，並把這些州的居民視為鄉巴佬，或贊同矽谷執行長梅林達・拜爾利（Melinda Byerley）的說法：「蠢人的糞坑。」我們感慨頭腦簡單的藍領階級不明白這點。勞工階級和中產階級的保守主義者都注意到了這一切。此外，有一群右派評論員，時時確保這些人感受到自由主義者為了展現優越感而話中帶刺，生怕惡意的評論短暫掠過。

在二〇一六年大選的前幾週，川普似乎對贏得多州選票勝券在握，政治喜劇演員比爾・馬厄（Bill Maher）表示憤慨：「在這個國家，到底要怎麼做人，才不會變成共和黨人？」馬厄的驚駭反應是可以理解的，但當他傲慢地暗示說共和黨人不是人時，他扮演著冷嘲熱諷的自由主義菁英角色，幫了川普一個忙。（馬厄的階級偏見臭名昭著。一九九八年，堪薩斯州的穀倉塔有七名工人喪命，其中一具屍體依然下落不明；馬厄不但譏諷他們的死亡，也表明社區應該檢查他們吃過的神奇麵包[1]。）

馬厄的惡意攻擊呼應了演員茱莉亞・羅勃茲（Julia Roberts）在二〇〇〇年民主黨全國

委員會（DNC）籌款活動上的嘲諷：「在字典裡，『共和黨人』這個詞排在『爬蟲類』之後，排在『令人憎惡』之前……我查了一下『民主黨人』，這個詞是關於民有、民治、民享。」羅勃茲的妙語帶有勢利的優越感——想像一下，滿屋子的DNC富裕捐贈者沾沾自喜地認為自己是美德的熱情棟樑。類似的情況屢見不鮮：二〇一七年，梅莉．史翠普（Meryl Streep）在金球獎頒獎典禮上表明足球比不上藝術學科；二〇一八年，勞勃．狄尼洛（Robert De Niro）在東尼獎頒獎典禮上揮拳，並對穿著晚禮服、起立鼓掌的名流喊道：「去他媽的川普！」優越感讓人感覺良好。其實你沒注意到的是，我此時譴責他們的優越感，自己卻有點優越感（輕蔑的本能反應難以抑制）。

在馬厄口出惡言的一週後，電影製作人麥可．摩爾（Michael Moore）表示，投給川普的人都是「正當的恐怖分子」，並接著說：

---

1 塔加特烘焙公司（Taggart Baking）在一九二一年創立的麵包品牌。

這就好比去年，有人對法蘭克斯坦（Frankenstein）博士[2]說：「我需要一位能體現所有糟糕的男性特質、白人特質、富人特質的候選人。讓這些特質合為一體。」他確實能代表這些我們發現逐漸消失的特點。落伍的時代已經結束了，這對落後的人來說一定很難受。沒有人願意放棄權力。我們已掌權大約一萬年，所以這是長期過程。我們真的很幸運。

不管摩爾的判斷多麼準確，他敘述的方式傳達了與存在主義有關的輕視態度：你們的日子所剩無幾，可悲的落伍白人終於可以解脫了。

如他製作的電影《華氏九一一》（*Fahrenheit 11/9*）所表明的，他比其他人更了解白人藍領選民的憤慨和疏離感如何助長川普的崛起。然而，他從二〇〇一年出版《愚笨的白人》（*Stupid White Men*）以來，一直挑釁這些人。光是書名就足以說明一切，而且該書不斷地無端貶低投給喬治·布希（George W. Bush；小布希）的「蠢白人」，不但對他們有成見，也把小布希視為最愚昧的白人。

摩爾諷刺地推測，男性出生率持續下降是因為「大地之母」明智地淘汰肥胖的傻瓜，試管嬰兒療程更能達到淘汰這些傻瓜的目的。設身處地為摩爾抨擊的人著想吧。有什麼事比被人說你一無是處、根本不應該存在，更讓你蒙受羞辱呢？在你的游離左派（Swing Left）分部中，也許成員不會因為被叫「蠢白人」而動怒，但大多數的美國白人男性會生氣。那麼，把白人和男性扭曲成負面的稱號，又有什麼好處呢？

不屑一顧並不是調查研究的報導態度，卻在有線電視新聞的頻道很常見。看看CNN和MSNBC的主持人和嘉賓故意嘲笑川普近期的劣行，注意一下他們的積極新聞報導，從什麼時候開始變成挖苦性質的高談闊論？我們真的需要看克里斯・古莫（Chris Cuomo）與凱莉安・康威（Kellyanne Conway）在CNN展開的無數次交鋒嗎？古莫知道她會撒謊和編故事，那麼除了創造出爭吵的場面，接待她的意圖是什麼呢？

在川普把尼加拉瓜和海地稱作「糞坑」國家的幾天後，CNN的主播安德森・古柏（Anderson Cooper）拆穿了川普的歐威爾式[3]說法（他聲稱自己是「你有生之年採訪過最不

2 科幻小說《科學怪人》（Frankenstein）中的科學家。

3 英國左派作家喬治・歐威爾（George Orwell）所描述的破壞開放社會福祉的做法，例如專制政權藉由嚴厲執行政治宣傳、監視、提供虛假資料、否認事實、操縱過去的政策，來達到控制社會的目的。

相信種族主義的人」），我為他喝采。但我輕視川普的快感逐漸消失後，我再次觀看這段影片，卻開始注意到古柏的諷刺意味和斜視表情，以及他一再使川普落入有損形象的境地。古柏並不只是純粹表示對川普感到氣惱，我懷疑他也是為了滿足自己的欲望——表現出他有多麼看不起川普。古柏報導川普的公然種族歧視，是恰當也是必要的作為，但他以高傲的姿態包裝陳述的內容，反而削弱了報導的力量。我質疑，在川普支持者的心目中，古柏的報導就像一場自大的演說，他們在心理上迴避了投給川普就代表是種族主義者的暗示，因此古柏的演說對他們而言毫無意義。

《早安！喬》（*Morning Joe*）的共同主持人、政治上的溫和主義者喬・斯卡伯勒（Joe Scarborough）與米卡・布里辛斯基（Mika Brzezinski）的MSNBC節目，以標語「殘酷的事實」拿人開玩笑，因對川普及其施政、粉絲圈的苛責而臭名遠揚。例如，布里辛斯基說國務卿麥克・龐培歐（Mike Pompeo）是沙烏地阿拉伯王儲的「馬屁精」，而斯卡伯勒批評那些相信南部邊境有危機的人很愚蠢。同時，自由派的脫口秀廣播節目主持人麥克・馬洛伊（Mike Malloy）在播出時段，鼓勵大家幻想右派對手遭受可怕的死亡下場。

並不是所有電視與廣播名人都表現得高人一等，但二十四小時新聞週期充斥著輕蔑心態，足以使大眾確信「菁英自由派的媒體偏見」。他們不想遭人恥笑，於是收看福斯（Fox）。

為了證明自己不是在幻想，我聯繫了舊金山州立大學的心理學家松本（David Matsumoto），他也是微表情與輕蔑情緒領域的知名專家。他說輕蔑在媒體界司空見慣。雖然他通常會仔細觀察一個又一個拍攝鏡頭，以期發現微妙、轉瞬即逝的輕蔑表情，但在現代兩極化的政治舞臺上，他不需要這種高科技的審查方式就能辨識出來。

政治學家傑佛瑞・貝里（Jeffrey Berry）、社會學家莎拉・索比耶拉（Sarah Sobieraj）以及塔夫茨（Tufts）大學的兩位教授，籌劃了觀察十週右派與左派的有線電視、評論節目、脫口秀廣播節目、政治部落格、報紙專欄，以便確定他們所謂的「惡劣對話」有多麼普遍，也就是運用貶低、嘲笑、侮辱、曲解、思維偏激的言詞等策略，故意激起情緒反應的言論。他們記錄了一〇〇%電視節目、九十九%脫口秀廣播節目，以及大部分受到審查的部落格和專欄中的惡劣對話。他們發現右派媒體的惡劣對話整體上雖然較多，但左派在嘲笑和貶低方面卻毫不遜色。羅德・德雷爾（Rod Dreher）是保守主義者，他聲稱自己因回應自由派的輕視而右傾：「雙方都有敵意和分化的傾向，但是……鄙視的根本來源多半來自受過教育的自由主義者……動機經常備受質疑。這些人就像是知道自己能提供社會不可思議的解決辦法一樣，而那些不認同他們的人都是愚蠢的偏執狂。」

在深夜播出的喜劇節目中，許多實際上是新聞節目，鄙視是家常便飯。愛挖苦的人讓我們察覺到可能會忽視的矛盾和虛偽時，他們履行了公共服務。然而，如《大西洋》（*The Atlantic*）雜誌的溫和保守派特約編輯凱特琳．弗拉納根（Caitlin Flanagan）所指出，他們並不是每次都能做得夠好。弗拉納根坦白說，川普的古怪行為招致他名譽受損，但喜劇演員們卻總是責備與追擊他的支持者們。她引述薩曼莎．比伊（Samantha Bee）對一位崇拜川普的年輕基督徒的抨擊：「他就像幼蟲形態的金髮傑瑞．法威爾。」一點都不好笑，太殘忍了。

弗拉納根這麼形容比伊和約翰．奧利佛（John Oliver）的類似節目：「他們和粉絲在智力和道德方面都很有自信，相信自己比擁護政治右派信念的人更優越。」她接著發表令人不安的看法：

> 雖然這些節目是針對藍州的世故者，但對保守主義者而言，卻是意想不到的強勁宣傳形式。當共和黨人看到這些惡劣的玩笑——在早晨的新聞節目、炒熱話題的爆紅短

片，以及吉米·金摩（Jimmy Kimmel）、史蒂芬·荷伯、賽斯·梅爾（Seth Meyers）的節目之間流傳——他們不只看到少數喜劇演員嘲笑他們……還看到川普讓他們明白的事：整個媒體界厭惡他們、他們的價值觀、家庭以及宗教……難怪有那麼多川普的追隨者，只願意相信他或他的代言人脫口說出的話。電視上的其他人都認為他們是一群成癮的粗俗傻子，把時間分配在轉推艾力克斯·瓊斯（Alex Jones）的幻想，以及熨燙頭上戴的三K黨[4]尖頂帽。

我能理解在這種時候對諷刺的渴望——猶如一匙糖，能使非常負面的新聞流傳下去。不過，也許這類的新聞不應該持續流傳。也許喜劇演員無意間使我們陷入自負的麻木感，因此我們以為滑稽的不敬態度是體現正直的方式（其中的搞笑意味，只有像我們這種高等生物才能體會），能讓我們在對抗原法西斯主義的滑稽行為時無可匹敵。約翰·奧利佛諷刺地請求川普參選，並表示願意為他的競選活動捐款。他就像一般自由主義者，從根本上輕蔑地低估

4 奉行白人至上主義運動、基督教恐怖主義的民間團體，也是美國種族主義的代表性組織。

川普的社群，反而驅使川普從川普大廈通往白宮。

無論喜劇演員對抵制川普主義的貢獻是什麼，或達到了什麼樣的平衡，問題在於目前有太多人模仿奧利佛的舉止。甚至連安德森・古柏這樣的新聞播報員以及市井小民，在閒聊中也嘲笑川普及其支持者，忘了兩黨在川普執政之前有共同的危機根源，例如氣候異常和貧困問題。

作家查爾斯・杜希格（Charles Duhigg）敏銳地觀察到，這種官僚化的冒犯行為基本上有操縱傾向，容易增進有錢有勢者的利益，不但能減輕企業廣告商的壓力，也掩蓋了廣告商在製造我們所處的混亂中所扮演的角色。這或許也是公眾對媒體的信心降低到四十四％的原因之一。

CNN和MSNBC每天譴責川普不願意公開自己的納稅申報單，但他們的報導內容有多少是關於國家稅務局如何從審核億萬富翁，轉而審查申請微薄所得稅減免的低收入家庭？又有多少是關於揭露企業避稅？調查性新聞缺乏預算時，反川普的「官僚化冒犯行為」卻不費吹灰之力。此外，也不需要與企業贊助商進行不自在的對談。

主流的新聞記者在內文添加尖銳的批評。《紐約時報》專欄作家查爾斯・布洛（Charles

Blow）也加倍渲染希拉蕊不光彩的失言：「一群可憐蟲」。希拉蕊身為候選人，不應該侮辱選民。布洛接著表示，以「可憐蟲」形容川普及其支持者算是很仁慈了。我認同布洛的觀點：積極支持川普，反映出對川普的偏執行為的支持或不在意。但是，譴責那幾百萬美國人為可悲者，反倒是送給川普的禮物，而且是讓他不斷得到回報的禮物。

大選結束後，《紐約時報》專欄作家保羅．克魯曼（Paul Krugman）嚴厲抨擊自討苦吃、摧毀私生活的傻瓜和輸家，因為他們把票投給了會奪走健康保險的人。《每日科斯》（*Daily Kos*）創辦人馬科斯．莫里薩斯（Markos Moulitsas）的幸災樂禍反應表現得更明顯，他在大選後發表部落格貼文：「為那些失去健保的煤礦工感到高興吧。他們得到的正是投票的結果。」其他政治媒體的部落格也輕蔑地表達不滿，例如《溫科特》（*Wonkette*）、《大騙子》（*Crooks and Liars*）、《藐視者》（*Contemptor*）。

《紐約時報》和《華盛頓郵報》有許多專欄作家興高采烈地批判川普和他的支持者，把至關重要的非川普新聞分析排除在外。他們的蔑視情緒會感染其他人。二〇一八年一月，《紐約時報》刊登選民寫給編輯的信，信中說明他們支持川普的原因，但其他時報的讀者撻伐該報。其中一名讀者寫道：「為什麼你們不斷請教支持川普的人？誰在乎他們的想法？」

另一個了解十四位支持川普的選民想法後，感到痛苦的讀者說：「請不要再這樣做了。」

詆毀川普及其支持者的主要形式，是指責他們的愚蠢。《高克》（*Gawker*）的作家漢米爾頓・諾蘭（Hamilton Nolan）專門抨擊那些在初選期間支持川普的「該死笨蛋」和「遲鈍鄉巴佬」。《沙龍》（*Salon*）也刊載一些文章，批判那些沒有忙著吸食菸草、吃油炸食品等傷身習慣時，把票投給川普的「白痴」，並呼籲讀者羞辱「川普腦粉」。

二〇一七年，在「讓美國再次偉大」（MAGA）的集會上，我看到反示威者嘲笑別人不知道「霸權」的含義。

以下是二〇一七年與二〇一八年的幾個新聞標題：

「我們與笨蛋同在」（附上川普的照片），《紐約時報》。

「共和黨人喜歡笨總統的原因」，《紐約》雜誌。

「唐納・川普的最大缺點：不夠聰明」，《芝加哥論壇報》（*Chicago Tribune*）。

「川普渴望一場屬於自己的大遊行，多麼愚蠢的想法」，《華盛頓郵報》。

「說真的，川普有多蠢？」，《哈芬登郵報》（*Huffington Post*）。

「他們蠢到不知道自己是蠢蛋」，《卡什谷日報》（*Cache Valley Daily*）。

「美國選民真的只是愚蠢而已嗎？」，《沙龍》。

「川普希望你笨到沒注意到他」，《華盛頓郵報》。

「共和黨人怎麼變得如此卑鄙又無知」，《華盛頓郵報》。

「語言學專家表示：川普聽起來像大口喝啤酒的叔叔」，MSNBC。

我的收件匣也有許多郵件的主旨侮辱川普及其委任者的智力。然而，如喬納森·柴特（Jonathan Chait）在上述《紐約》雜誌的文章中指出，川普的支持者並不在乎他的智力，但很在意遭到恥笑的感受。他們討厭這種感覺。

地獄的怒火比不上飽受蔑視的政治對手

已證實的社會心理學研究表明，人的地位、自我價值、政治或宗教信念受到威脅時，通常會產生防禦性的保守思維。如果我告訴你，愛因斯坦其實不是多麼偉大的物理學家，你的大腦可能會保持冷靜；你甚至可能相信我說的話，並改變原先的想法。然而，不只一項腦成像的實驗顯示出：如果我告訴你的事，與你對墮胎或槍械管制的看法產生矛盾，大腦中與恐懼、身分認同有關的區域就會像彈球機一般亮起來。你不太可能改變原先的想法。差別是什麼？你的身分認同和自我價值，與你的意識形態密切相關，但你可能不會為了維護愛因斯坦的聲譽而擔憂。

前精神病學家、非營利組織「玩轉政治」（SMART Politics）創辦人卡琳．塔梅里烏斯（Karin Tamerius）解釋說：「我們的政治態度和信念，與我們最基本的人類需求息息相關，例如對安全、歸屬感、身分認同、自尊、意向的需求。這些需求受到威脅時，我們在生物學上的反應如同置身於危險之中。」自我價值受到的任何挑戰，都會讓人有威脅感。挑戰性帶有蔑視的意味時，防衛心理會增強。人受到鄙視時，杏仁核（大腦的恐懼中心）會活躍起來，並發出戰鬥或逃跑的指令。就杏仁核而言，人的信念或地位受到威脅時，就好比一隻咆哮的老虎準備撲擊，有必要保護自我不受攻擊。

我們有戒心時，認知以及大腦中掌管同理心與理智的部分就會「當機」。我們變得太過專注在自我保護，以至於很難學習新東西。這就像一般老師都明白的道理：安全感是學習的先決條件。有時，被嘲笑的人會變得非常激動和沮喪，他們也希望壞事降臨到嘲笑者的身上。

賓夕法尼亞大學（簡稱賓大）的某項實驗，刻意引發學生表現出輕蔑的態度，並評估學生的反應。研究人員向學生展示高科技鬧鐘，請他們判斷鬧鐘做為新產品的可行性。每位學生都有虛擬夥伴（事實上是研究小組的共事夥伴），可以根據學生的評價提供四種回饋的其中一種：輕蔑、憤怒、中立或失敗。失敗的回饋呈現較低的分數（例如「滿分十分，你只有四分」）。憤怒的回饋是「我超不爽你的表現」。輕蔑的回饋包括以下陳述：「算了吧。身為賓大學生，我對你那麼差的表現感到吃驚。」

收到輕蔑回饋的學生，比收到其他三種回饋的學生更容易做出口頭攻擊的反應。被瞧不起的學生通常會「以輕蔑還輕蔑」，說一些諸如「你錯了，你根本做不出什麼貢獻」的話。而其他沒有被輕視的學生則會道歉，例如說：「抱歉，請見諒。」

賓州的這項研究證實了許多研究的結果：羞愧感會損害人的自我價值，影響人的同理心，使人把責任歸於外因並抨擊無辜的代罪羔羊。也就是說，羞愧感會讓人覺得自己一無是處，轉而責備和攻擊其他讓自己感到難受的人，但這種羞愧感會立即回到自己身上，並伴隨著一次又一次斥責別人的需求。一旦人感覺到自己的地位受到威脅，這種互動關係在不平等、主導或被主導的社會支配傾向中尤為強烈。

下一章，我會提到許多川普的支持者經歷著地位和榮譽感的明顯喪失。如果川普的支持者像賓大學生一樣，遭到蔑視後就有可能引起攻擊性或報復性的反應，例如穿上有「一堆可憐蟲中的自豪者」字樣的T恤衫，或叫你「奇葩」、「自由派傻蛋」。

二〇一七年，《紐約時報》專欄作家紀思道（Nicholas Kristof）採訪奧克拉荷馬州的川普支持者時，他們表示對川普削減他們依靠的方案感到失望，但依然對川普忠心不二。為什麼呢？因為民主黨人嘲笑他們是愚蠢的種族主義者等等，使他們心懷怨恨。紀思道寫的文章引起自由派讀者的盛怒，因為他們認為紀思道有意將支持川普的怪物變得人性化。「我就直說了：我討厭這些人。他們遲鈍又自私。他奶奶的。我希望你們都失業，待在家裡等死。」一名讀者寫道。

保守派作家大衛．布蘭肯霍恩（David Blankenhorn）表示，川普的支持者發起黨派的反對聲浪。二〇一六年，許多人的態度很矛盾，但他們被嘲笑為種族主義者後，反應變得更加堅定。布蘭肯霍恩很擔心這種互動關係，於是他成立了高尚天使（Better Angels）組織，旨在促進跨越差異的對話。

二〇一六年十二月，自由派作家湯瑪斯．法蘭克（Thomas Frank）與密蘇里州梅肯（Macon）獅子會一起吃早餐時也談到了同樣的互動關係。獅子會有許多成員對自由主義者在道德方面的傲慢態度很反感，因而不安地把票投給川普。這裡的「反感」是指，這些成員知道自己是自由主義者的笑柄，因此以惡意吹牛的報復形式反擊，猶如惡霸挫挫自由主義者的傲氣。我們讓川普輕易地滿足粉絲圈的需求，他們只須回應我們的輕蔑態度就行了。

川普當選後，《美國保守黨》（*The American Conservative*）雜誌有一篇評論探討關於回敬蔑視的其他個案研究。一位名叫安德魯（Andrew）的四十六歲白人，為該雜誌的自由派讀者撰寫以下評論：

> 我不相信自己是種族主義者，但你們就是要給我貼上這種標籤，那我也只能接受了……至於一次又一次的爭論，你們回應我的觀點不外乎是「你是種族主義者！」（或說我是性別歧視者、恐同者、偏執者、對白人特權感到內疚——有完沒完啊）。我明白了。我的意見不值得受到重視，也沒必要納入考量。我是糟糕的人！要是我有受過教育

就好了（但我確實受過教育）。要是我多長見識就好了……親愛的自由主義者、民主黨人、進步主義者、左派分子：你們使用的「種族主義者」這個詞不起作用了。我們明白了。你們很優秀。你們有見識，但我們沒見識……我們已經放棄勸阻你們隨便猜測，也放棄贏得你們的認同。我們認為，沒有必要再浪費時間證實我們不是「那種」共和黨人。

如果一定要說川普做了什麼事，他增強了我們的骨氣，讓我們的心聲被聽見……我原本很不情願地投給川普。但現在，我十分自豪。

也許安德魯的過失在於聲稱白人男性是受害者，以此為自己的偏見辯護。同時，如果自由主義者依賴輕視別人來管理責任，那麼世界上有許多安德魯這類的人難免會反擊。事實上，就在安德魯發表評論的幾個月後，又有兩名白人附和，發表了類似又有自知之明的評論。

薩波羅（Zapollo）寫道：

我是白人，也是受過良好教育的知識分子，很喜歡看小型藝術電影院放映的影片、去咖啡館、聽經典藍調……

但是，我發現另類右派的某些要素也對我產生了影響，即便我很聰明，也具備看穿這一切的見識。我之所以覺得另類右派很誘人，是因為我並不是擁有權力或特權的人。但我經常被迫應付各種訊息。這些訊息告訴我：我是弊端，我是問題，一切都是我的錯。

我屬於中下階級，不曾買過新車。為了省錢，我盡量自己修理房子。我也親自除草、洗碗、去沃爾瑪買衣服。我不知道要怎麼做才能退休。不過，老兄，聽媒體說，我只是沉浸在不應得的權力和特權中；等我最終倒下並往生時，美國將是更快樂、充滿愛、更和平的國家。

相信我：經過這一切之後，另類右派的某些要素感覺就像溫暖又令人寬心的洗滌。你也可以把這種感覺比喻成「安全的空間」。我不喜歡接近醜惡的部分，但有時遇到「嘿，白人其實還不錯，你知道的！為自己感到驕傲吧，白人！」的話語非常有說服力。我需要保持理智，才能抵擋這種誘惑……

讓我感到困惑的是，有許多左派分子不明白這點，也不了解該如何持續推動這些要素……

一位匿名的白人附和薩波羅：

左派分子不明白的是，他們的言行會把像我這麼溫和、相處融洽的人徹底變成保守的激進分子。我以前會鄙視某些見解，但現在我願意傾聽。我不認為自己是理性思考和自律的典範，但我顧慮的是，就算我樂於接受其中的某些見解（帶有批判性並慎重），那麼更急切地認同的人，或所處的情勢似乎別無選擇的人呢？……這一切帶來的結果並不是好兆頭。

部落客山姆．阿爾特曼（Sam Altman）採訪過許多支持川普的人，他們一再抱怨自由主義者的不屑態度：「別再叫我們種族主義者，也別再叫我們白痴。我們才不是。我們試著告訴你們，為什麼我們不是這些標籤時，請洗耳恭聽。對了，也別再取笑我們。」

塔夫茨大學的教授貝里和索比耶拉指出，保守主義者害怕被視為種族主義者，而這種油然而生的恐懼有兩大後果：他們避免與自由主義者談論政治，也從右派的憤慨媒體尋求慰藉。此問題甚至超出保守派的範疇：多達八〇%的美國人把「政治正確」當成問題。我認為，主因與自由主義者**說了什麼話**無關，而是與我們**如何表達**有關——先入為主的「叫囂文化」使一些左派分子感到厭倦。

在我參與的紅州與藍州對話中，有四名白人透露自己曾經是自由主義者，但厭倦了被人說教和責罵。他們都不喜歡川普，但他們發現川普對自由主義者指手畫腳的敵意很有魅力。其中一人說，他討厭川普，但每次左派攻擊川普的支持者時，他就沒那麼討厭川普了：「也許他是傻瓜，但他只是我們眼中的傻瓜。」

強烈抵制並不局限於男性。阿肯色州的失業婦女辛蒂・基瑟（Cindy Kiser）曾投票支持歐巴馬，後來又有所保留地投給川普。她說自己已經對四處拋出的標籤感到麻木和疏遠，例如厭女症、伊斯蘭恐懼症。民主黨人給辛蒂的感受是：「我們根本不想和妳處在同一個民主國家，因為妳做了糟糕的決定。」路易斯安那州（以下簡稱路州）的共和黨人瑪丹娜・梅西（Madonna Massey）也表示自己喜歡拉什・林博（Rush Limbaugh），因為他會為像她這樣的人辯護，對付那些羞辱他們是胖子、種族主義者、無知輸家的自由主義者。另外，北卡羅來納大學的學生瑪姬・霍澤姆帕（Maggie Horzempa）也表示，被自由派學生叫「潑婦」以及「女性受到的恥辱」加強了她對保守主義的忠誠度。

以上是一般保守主義者的心聲，而不是右派間諜的心聲。他們向我們傳遞非常緊迫的訊息：無論我們將他們貼上偏執狂的標籤，還是詆毀他們的生活方式、宗教或智力，自由派的輕蔑態度會促使醞釀已久的文化戰爭升溫，並進一步將保守主義者推向川普的懷中。這是奇怪的諷刺，而且這種防禦性的本能反應使人更欣然接受被譴責認同的人事物。後果既有害又不光彩，卻是現實的寫照。

《瘋狂》（*Cracked*）雜誌專欄作家克莉絲蒂娜（Christina H.），是在思想偏狹的環境中成長的潛在自由主義者。她寫了一篇關於自我意識形態轉變的搞笑文章，說明一旦自由主義者認同她發自內心的信念，這種轉變就能暢通無阻：「如果大家知道這是一場平凡無奇又輕鬆的旅程，那麼這趟旅程應該會更有吸引力。這可不像大膽的伊夫・尼韋爾（Evel Knievel）躍過目前只有一人倖存的峽谷，然後下場是只能依靠吸管進食。」克莉絲蒂娜希望自由主義者明白，潛在的開明保守主義者靜靜地潛伏在社群媒體；如果他們藉由與宗教信仰相互矛盾的價值觀來傳達不滿時，沒有人罵他們是道貌岸然的笨蛋，他們就能慢慢地朝著進步主義的方向前進。

她敦促自由主義者承認，保守主義者真誠地堅守自己的信念：「我知道很難相信，國家的優勢種族或宗教的成員竟然堅信自己是被圍困的弱勢群體，但人真的會相信這一點。這並不是欺騙外界觀察者的假策略……其實人很容易相信自己所處的小鎮或當地的宗教社群，在享樂主義、自由主義的圈子中屬於『明智』的邊緣群體。」

沒有人願意把自己想成是壞人或愚蠢的人，因此沒有任何保守主義者會說這種話：「你們是對的，我的觀念既無知、自私又帶有種族歧視的色彩，我在此否定這些觀念。謝謝你們指出我的錯誤。我現在才知道自由主義者多麼了不起，我也想加入。」

反擊式蔑視

右派媒體很清楚如何激怒保守主義者。福斯新聞的蜜雪兒・馬爾金（Michelle Malkin）、蘿拉・英格拉漢姆（Laura Ingraham）以及陶德・斯塔內斯（Todd Starnes）以整本書探討「自由派菁英」嘲笑美國中產階級的智力和生活方式（英格拉漢姆想出貼切的章節標題，例如〈權力歸花，沖個水花〉〔Flower Power Take a Shower〕）。他們觀察到一定程度的疏離感，並且盡力加強這種感覺，甚至將其當作武器。

二〇一八年，全球步槍協會（National Rifle Association, NRA）首席執行長韋恩．拉皮埃爾（Wayne LaPierre）在保守政治行動會議（Conservative Political Action Conference）把矛頭指向自由派民主黨人，對他們大聲吼叫。他認為這些民主黨人要快速把美國推向社會主義者的極權主義。由於缺乏社會主義者構成威脅的證據，他轉而仰賴「知識菁英」這種可靠說法。「這些菁英覺得自己比我們更聰明，也比我們更優秀。他們真的這麼想，大家都清楚這一點。」他說。

拉皮埃爾提醒聽眾，他們應該要提防這些菁英，因為他們揶揄和不尊重美國的核心價值觀，而且只要有機會，他們就會消滅憲法賦予的權利和自由，並建立社會主義的反烏托邦。「這就是為什麼第二修正案那麼重要。」

請注意拉皮埃爾的修辭變化：菁英認為自己很優秀，因此他們會毫不猶豫地糟蹋你們的權利，同時強加他們的意願。正因為如此，你們需要槍械來保護自己免於他們的專橫行為。

像拉皮埃爾這類的右派宣揚者，將自由主義者蔑視的暗示當作武器，效果顯著。每當我們說狂妄或諷刺的話，就不知不覺地執行他們的劇本。拉皮埃爾最不需要的就是更多用於爭辯的論據。

川普在妖魔化自由主義菁英構成威脅的方面，有獨特的作風。他利用媒體作為代理人，因為他明白，自己的支持者幾十年來已習慣將媒體視為自由派菁英主義的堡壘。川普不參加白宮記者協會的晚宴，不單單是因為他臉皮薄，也是因為冷落媒體能強化其「全民公敵」狀態。他沒有參加這場華麗的社交活動，而是在搖擺州舉行集會。期間，他抨擊新聞界，還告訴大眾：「媒體對你們恨之入骨。」後來，他在推特發布分格的圖片，顯示戴著黑領帶的晚宴嘉賓，以及他親自參觀器械廠。

二〇一七年，在亞利桑那州鳳凰城的集會上，川普告訴大眾：「我常常聽到別人談到菁英。你們一定知道我指的是誰。他們是菁英？我讀的學校比他們高等。我也是比他們更優秀的學生。我住在更寬敞、更漂亮的公寓，也住在白宮，過得真的很不錯。你們知道嗎？我認為，我們才是菁英。他們稱不上菁英。」他向群眾保證，他們是「聰明人」，然後繼續批評美國人民的公敵：「媒體可以攻擊我。但我絕不允許媒體攻擊你們，因為他們攻擊的是正派支持者。」

川普站出來反對刻薄的「自由派傻蛋」。他們並不像自己以為的那麼聰明，要不然為何入主白宮的人是川普，而非他們？走下坡的《紐約時報》以及所有相信該報內容的人都是輸家。川普是贏家，由此推斷，他的忠實追隨者也是贏家。這些追隨者願意忽視眼前所謂的民粹主義億萬富翁含著金湯匙出生，因為他說出的話沒有審判、侮辱或批評的意味。

鐵腕人物與追隨者的聯合，是蠱惑人心的宣傳主題。當自由主義者的言行很像川普為他們編排的角色時，他們其實加強了川普的掌控權。我猜，川普會很高興看到反示威者在MAGA集會上揶揄白人不懂「霸權」的含義，也「沒有文化」。西維吉尼亞州（以下簡稱西維州）的川普選民解釋：「針對川普的負面報導不斷出現，許多人都認為媒體不公正地傷害川普。也許我們很同情他，因為我們也是被權勢集團排斥的邊緣人，所以我們了解他的感受。」這位選民表達的是關於人類行為的深刻真理——我們通常與受到同一群人攻擊的受害者建立密切的關係。

如果你是偏向保守派的美國人，要在使你為自己「政治立場不正確」的觀點和單純生活方式感到羞愧的人，以及維護你自由思考和感受權利的人之間做出選擇，你會選擇誰？

自由主義者調侃「土川普」

心理學家蘇珊．菲斯克將輕蔑態度視為一種自衛手段。當一個群體發覺失勢時，除了感到驚訝，蔑視其他群體有助於消除疑慮：儘管我們失去了掌控權，我們依然比其他群體更占優勢。

蔑視也能幫助我們在自己與瞧不起的對象之間建立心理距離。例如，有人發表了性別歧視的評論，輕蔑者可以在心理上與性別歧視者保持距離，藉此隱藏自己的弱點，避免受到進一步的傷害。

二〇一六年的選舉擾亂了我的體內平衡狀態，使我陷入傲慢的慌亂心境。每天都有一股強烈的打擊襲來，我的輕蔑情緒與日俱增，渴望重建某種虛幻的平衡感和控制感。

如今，鐵粉的氛圍是助長蔑視情緒的溫床。黨派支持者經常對其他黨派的信念和價值觀做出負面的假設，保留無罪推定，有利於即刻譴責和牽連責任。川普的選民被視為偏執狂、白痴或容易上當的人，應該受到和新納粹主義分子同等的待遇。相比之下，反對川普的人猶如道德高尚的英雄，有資格嘲諷敵人，也有幸災樂禍的正當理由。藐視川普的支持者，感覺就像公共服務的公開聲明：「這些人是我們的死對頭。」

二〇一九年，維吉尼亞州通過懷孕晚期的墮胎法，激怒了反對墮胎的人。《沙龍》作家阿曼達．馬爾科特（Amanda Marcotte）隨即表示，這些人佯裝憤怒。馬爾科特在〈假憤怒之日：保守派其實不關心晚期墮胎〉文章中，斷定反對墮胎的行動主義分子聲稱對胎兒生命的愛，完全不可信。她有證據嗎？根據馬爾科特的說法，共和黨立法委員詆毀尋求墮胎的女性，不僅把少數在懷孕晚期墮胎的女性形容成懶惰的妓女，還灌輸性別歧視的刻板印象，將這些女性視為愚蠢又隨便的蕩婦。這聽起來確實很糟糕，但對方實際上不曾說過或暗示過這些話，也不曾在質問支持合法墮胎法案的作者時，表現出不禮貌或拐彎抹角的態度。就算他是笨蛋，馬爾科特也不該以斷章取義的方式，表明所有反對墮胎的行動主義分子都是虛偽的歧視女性者，因為這麼做毫無事實根據、不公平，而且目中無人。這就好比我告訴保守主義者，我支持法律規定打孩子屁股是非法的，因為看到打屁股對孩子造成的傷害，令我很難過，然後他們說：「妳根本不關心孩子，妳只是想打壓父母的權威。」我應該會火冒三丈。馬爾科特在文章中寫的內容也一樣：充斥著沒有事實根據的虛偽指責，令人抓狂，或更糟糕的是，高傲地暗示她更了解他們反對墮胎的原因。

自由主義者的輕蔑態度經常由川普這位「蔑視之王」引起。他的貶低簡明扼要，例如「騙子希拉蕊」、「走下坡的《紐約時報》」。他在集會上發表煽動群眾的抨擊性長篇演說，也對民主規範妄加指責。他譏笑我們時，我們就回敬他。但川普也是反擊式蔑視高手：「你們說我們是笨蛋和騙子？不對，你們更愚蠢，更狡猾。」他是不同黨派支持者之間的輕蔑培養者，而這些黨派參與高效對話的能力幾乎衰退了。

根據菲斯克的說法，對其他群體表現出的優越感會增強我們在圈子內的歸屬感。表達我們的集體憤怒當然是適當的，甚至很重要，尤其是那些直接受到川普威脅的群體。如果我沒有可以產生共鳴的夥伴，那麼不愉快的感受與騷亂會威脅到我的理智。當群體的凝聚力轉變成黨派的傲慢態度時，問題就出現了。憤怒和厭惡交織在一起，就會形成輕蔑的態度，能輕易地使我們蔑視的對象缺乏人情味。無論是誰寄電子郵件給最高法院法官、被指控為性侵犯的布雷特．卡瓦諾（Brett Kavanaugh）的妻子，傳達「願你、你的丈夫及孩子生不如死」，都是太超過了。

紐約大學社會心理學家強納森．海特（Jonathan Haidt）專攻他所謂的「自以為是心理學」。他認為蔑視的破壞性在於，我們漠視自己視為道德低下的人，所展現出的疏離感。

「輕蔑，」他寫道：「把受害者描繪成應該遭到嘲笑的丑角，或不值得關注的小人物。其他情感因此減弱了，例如同情心。」思考一下他的告誡吧。例如，不人道地嘲弄那位無法摧毀反法西斯主義標牌的自閉症男子——起鬨者（及其仰慕者）受到道德優越感的束縛，以至於同理心有缺陷。

雖然我沒有寄恐嚇信給卡瓦諾的妻子，但在他的提名聽證會上，我無法對他產生半點同情心。我知道卡瓦諾很可能是無辜的，也知道性侵犯在犯罪之前往往是受害者。此外，我認為大多數的酗酒者都經歷過創傷或情感方面的忽視。我也明白，卡瓦諾在有害的陽剛文化中成長，因此受到不少傷害。身為一個十幾歲男孩的母親（兒子在這個年齡階段做了許多我不以為然的事），我本來應該同情卡瓦諾，同時明確地反對他擔任最高法院法官。不過，卡瓦諾好鬥、握有實權、冷酷無情，再加上參議員密契．麥康諾（Mitch McConnell）說共和黨決心縱橫捭闔，因此我在暴怒之下沒把卡瓦諾當成人看，任由不屑的心態醞釀。我甚至希望他因為酗酒而早點往生。

蔑視是使另一群人喪失人情味的第一步。如果「可鄙的人」無足輕重，那麼我就可以放心地忽視他們的期望和恐懼。隨著我們之間的距離愈來愈遠，我可能會變得麻木不仁，接著忽略他們的痛苦，甚至與他們誓不兩立。松本和其他人都提過這點。

蔑視偏執、欺騙等道德過失，可說是具有社會效益，就像清教徒以羞辱的觀點看待並壓制褻瀆神靈、通姦等當時不可接受的行為。但有證據表明，貶低並侮辱違法者會干擾他們改過自新的能力。許多心理資源用於抵禦污名化，卻幾乎沒留下建設性的回應。

依我看，對話中的輕蔑語氣就像刑事司法體系中的懲罰——是我們對僭越道德者的報復方式。這是一種權宜之計，卻不一定是人道、公正或有效的方式。

松本認為，只有在大多數人認為議論中的行為是一大禁忌時，例如恐怖分子的行動，藐視惡人才有可能具有建設性。否則，鄙視違法者無法促成有效的討論結果。

二〇一六年的選舉清楚地表明，偏執的多種形式並不是多數人以為的禁忌。這並不是說，表達偏見不應該有負面的後果，畢竟責任和定義界限都非常重要。然而，某些有效的問責方法並不涉及輕蔑，我之後會在第四章與第五章詳細說明。

羅格斯大學心理學家艾拉．羅斯曼（Ira Roseman）指出，蔑視川普有可能助長反抗情緒，或有助於在二〇二〇年調集心生厭惡的選民。研究人員剛剛開始研究充滿蔑視的消息對選舉結果的影響，而初步的研究結果不明確。很少有證據表明蔑視是偏左派候選人的致勝法寶，而且有很大的風險會疏遠那些感到悲哀的中間選民。我們絕不會過度藐視川普；假使我們真的這麼做，恐怕我們會在傷痛的狀況下迷失方向。川普本身就是負面的競選廣告。執著於他有多麼糟糕，沒什麼好處，但著重在他的挑戰者的優點上，就有許多益處。

希拉蕊試著將蔑視轉化為勝利。川普受到共和黨提名的幾天後，希拉蕊就在聖地牙哥發表演講，指責川普的想法毫無條理，並暗示他自稱的「聰慧大腦」需要進行精神病評估。她說的話引起觀眾發笑。直到演講的尾聲，她表示有信心自己會贏，因為有常識、了解美國偉大之處的美國人會「做出正確的決定」。我懷疑，希拉蕊的嘲諷讓一群自鳴得意的藍州觀眾開懷大笑後，在常識備受質疑的騎牆派身上奏效了。

雖然依我看，輕蔑的好處遠遠比不上有害的壞處，但我發現對於飽受壓迫的團員而言，輕蔑就像一種特別重要的保護形式。川普的支配讓他們感受到嚴重的威脅、意志消沉，因此他們更需要圈子內的輕蔑凝聚力、讓心情舒暢以及提高自尊心。鑒於有色人種、回教徒及LGBTQ[5]群體不得不忍受的情況，我不想羞辱他們，而是邀請他們，以及邀請所有人，一同思考第五章探討他們表達感受和看法的其他方式。

輕蔑不斷加劇

輕蔑會招致反感、羞辱及憤怒，得到的回應通常是侵犯和敵意，有時也會產生事與願違的輕蔑結果。在最壞的情況下，輕蔑會貶損並激發其他人的獸性，有可能導致人際間或群體間發生暴力、大屠殺等醜化行為。

輕蔑的情緒容易使人上癮。雖然讓可悲者「適得其所」，能使人產生一種短暫的滿足感，但輕蔑的快感漸漸消失後，接著是空虛感，有時是難受的恥辱感，使人無法表現出最好的自己。一旦人的自尊心受到打擊，往往會找其他機會貶低別人，藉此得到補償。

如果自我感覺良好的代價是犧牲別人的自尊，那將是惡性循環的開始。觀看像《喬恩．史都華毀掉CNN》（*Jon Stewart Wrecks CNN to Pieces*）這類的交鋒短片，能讓我心滿意足。後來，我注意到同樣的短片也出現在右派誘餌式標題的平行宇宙中，標題為《塔克揭發偽善的史都華》（*Tucker Brutally Exposes Hypocritical Stewart*）。老套的劇情輪番上演，隨著

5 女同性戀者（Lesbian）、男同性戀者（Gay）、雙性戀者（Bisexual）、跨性別者（Transgender）以及酷兒（Queer）的英文首字母縮略字。

雙方的抨擊加劇，他們愈覺得圈子內的尊嚴受到侵犯。

川普支持者的世界觀將人口分為「我們」與「他們」的圈子。當我們也沉溺在排擠對手的行為時，其實我們也逐漸變得與他們相同，強化黨派分裂，並激發反擊式政治運動。

我們將國家面臨的混亂局面歸咎於川普的支持者，並順理成章地將我們的憤怒施加在他們身上。這種做法使我們無法看到自己在偏向寡頭政治、竊盜統治[6]及威權主義的過程中所扮演的角色。川普利用了公共基礎設施幾十年來的腐蝕；資料探勘和心理變數目標；市民機構和民主機構的萎縮；財富轉移到戰爭時的投機商與以及最富有的一％人口；媒體的企業整合；有色人種選民的選舉權被剝奪等可能因素帶來的政治脆弱性。

輕蔑是落入右派的圈套，轉移了對這些重大問題的注意力。薩曼莎・比伊為稱伊凡卡・川普（Ivanka Trump）是「沒出息的婊子」而道歉時，她感嘆說言論引起的騷動，已將焦點從原先不滿的議題引開了：幾百名移民兒童被迫與父母分離。輕蔑登場時，就成了故事情節，而促成川普掌權的真正問題卻埋沒在批評聲浪中。

自由主義者對人嗤之以鼻時，右派的宣傳者能夠在聽眾的心目中，創造自由派價值觀與自由派菁英主義之間的聯繫。實際上，他們傳達的是：「看看那些自由主義的勢利者多麼看不起你們，不關心你們，甚至恨你們。可以確定的是，他們的任何提議都對你們有害。**他們**是你們的敵人，所以**我們**是你們的朋友。」這種菁英主義的瑕疵使自由主義者提出的所有主張黯然失色，包括太陽能電池板、養生食品、槍械安全。這一切突然變成陰謀，將菁英主義的價值觀強加於血氣方剛的美國人——他們不相信乾淨的空氣、新鮮蔬菜及無槍械的公共場所有益身心健康。我們不該再繼續照著右派民粹主義的劇本走，否則這些人就會長期屈服於右派民粹主義。

每個人都很難忘記被人輕視的不愉快感受。即使我們現在緩和輕蔑的態度，造成的傷害和猜忌後果也許需要好幾年才會平復。雖然這是不幸的事，卻凸顯這麼做的緊迫性：輕蔑猶如在大氣中滯留好幾年的溫室氣體，愈早消滅愈好。

6 統治者利用權力，侵占人民的財產與權利，以增加自身的利益。

第二章
針對階級的輕蔑

我們才是聰明人。記住，我說了好多遍：你們不用理會聽到的「菁英」，因為你們比他們更聰明……讓他們繼續說自己是菁英吧。你們是超級菁英。

——唐納．川普，西維州，二〇一八年

幾十年來，共和黨一直呼籲勞工階級白人的民族文化認同和社會保守主義，目的是使他們效忠於代表上流社會和企業經濟利益的政黨。川普搭金色電扶梯下來時，許多中產階級的美國人將共和黨視為「勞工的政黨」，而川普在他登上的每一個講臺都利用了此伎倆。

川普的當選是文化分化策略的一大成就，但以前挑起不和的起因，如今像是刺穿民主心臟的木樁。每當我們以輕蔑的心態看待川普支持者的身分，或冷漠地看待他們對經濟前景的擔憂時，我們其實在強化川普的掌控權，讓木樁刺得更深。川普以獨特的粗魯方式（我確定他很不真誠）同情中產階級的美國白人正在經歷不光彩的地位喪失——無論真實也好，想像也罷。他把他們感受到的羞恥或怨恨，投射到飽受壓迫的社會群體和掌權的政客。

川普為自己的支持者提供情感服務，撫平他們受傷的自尊心。「我們是美國人，」他大聲說：「未來屬於我們。未來屬於你們所有人……美國每一位被遺忘的男人、女人以及孩子。」他稱讚這些參加集會的人是勇敢又勤勉的美國人時，他們的歡呼聲非常熱烈，經久不息。

自由主義者嘲笑川普的智力或不善言辭的演講風格時，讓藍領選民很反感。他們深受川普吸引，正是因為川普說話的方式很像他們。川普病態的浮誇風格使中傷他的人傷腦筋，卻使那些像他一樣自尊心受到自由派輕蔑傷害的忠誠支持者變得精神振奮。因此，被人瞧不起的屈辱感在川普的粉絲圈產生了共鳴，使川普能夠扮演「民粹主義億萬富翁」的荒謬角色——他不是在解決資本主義裙帶關係的困境，而是要減少誹謗美國中產階級的自由派菁英。也許他是傻瓜，但他只是我們眼中的傻瓜。

川普讚美集會者，說他們非常出色，並斥責廣播公司將攝影機對準他，而不是捕捉群眾的精彩畫面。「你們有決定權，也能夠用選票捍衛自己的家庭、國家、價值觀、信念、尊嚴……我們會一再獲勝……因為我們是美國人。」

川普對那些在瞬息萬變的世界中，對地位感到不安的人有很大的影響力。許多人嚮往過去的美好時光，那時的白人、男性及基督徒都能享有公認的地位。還有一些人渴望再度感到自豪，例如精通本身的行業、創辦小企業，或為自己的家鄉、解決溫飽問題而感到驕傲。川普激起他們的自豪感，而自由主義者熄滅他們的自豪感。於是，他們又回到川普身邊及支持川普的圈子「補充能量」。賓州的煤礦工保羅．海拉（Paul Hela）在廢棄的礦井內，對紀錄片製作人亞歷山德拉．裴洛西（Alexandra Pelosi）說：「我很尊重一個真正考慮到煤礦開採，以及我們對世界和祖國有多麼重要的人……他給了我們表達心聲的機會。」

探討川普吸引力的階級互動方式並不簡單，因為他的大多數支持者不是勞工階級。然而，自由主義者認為他的粉絲圈屬於勞工階級，也許是因為大部分支持川普的選民不住在大型沿海城市，而且整體上的教育程度比支持希拉蕊的選民更低。

受過高等教育的自由主義者，經常留給人一種自以為無所不知的高傲印象。「這些人就好像知道自己能提供社會不可思議的解決辦法，而那些不認同他們的人都是愚蠢的偏執狂。」在農村貧困地區長大的匿名保守主義者說。

自由主義者在反川普的言論中，增添針對階級的輕蔑情緒，而川普則利用這種情緒，使勞工階級的白人對抗刻薄又自大的自由主義者及其菁英政黨。「如今，」川普在密西根州的最後一次競選集會上宣稱：「美國的勞工階級即將反擊。終於。」

安・庫爾特、拉什・林博這類的右派反擊式宣傳者，幾十年來一直在培訓美國中產階級白人對「自由派菁英」的憤恨。川普面對反抗的聲浪時，這股浪潮已成了壓抑的憤慨海嘯。當我們瞧不起勞工階級的美國白人，只提供他們少量能在物質方面改善生活，或在經濟方面更有安全感的東西時，自由主義者就不知不覺地推動此策略。一名支持川普的選民說：「他們現在那麼生氣，卻從來沒有對現有的糟糕制度感到不滿，讓我很火大。」

印第安納波利斯（Indianapolis，簡稱印城）市長彼特・布塔朱吉（Pete Buttigieg）指出，中西部的藍領階級已經注意到，在經濟好時，他們並沒有跟著「水漲船高」，當沿海的自由主義者指責他們投票違背了經濟利益時，他們感受到一股優越感。這番話惹毛了當權的民主黨人。無論你對布塔朱吉和他的政治前景有什麼看法，他確實指出民主黨人冒著風險，忽視了十分重要的階級互動關係。俄亥俄州參議員謝羅德・布朗（Sherrod Brown）也有著類似的經歷：有些勞工在工廠為艾爾・高爾（Al Gore）助選時，對高爾在槍械管制和同性戀權利方面的立場有怨言。當布朗表示，他在這些議題上同意高爾的觀點，並被NRA列為終身F級時[1]，這些勞工說：「我們知道啊，但你跟我們站在同一陣線。」身為支持結盟、反北美自由貿易協議（NAFTA）、反戰的國會議員，布朗經常喚起「工作的尊嚴」，他支持勞工的善意人盡皆知。他的選民對此有足夠的信心，因此他們投給川普時，也讓他以六個百分點的優勢再度當選參議員。

幾十年來，勞工階級的白人持續有規律地唾棄民主黨，而他們在搖擺州的投票勢力促成

1　NRA根據參議員候選人是否支持槍械持有進行評分，做為投票的參考。

不只一位共和黨總統候選人的勝利。此趨勢在二〇一六年達到高峰，勞工階級有六十一%女性白人及七十一%男性白人投給川普。兩年後，這些選民當中有幾百萬人指責川普，並在二〇一八年中期投給民主黨，使得政治學家思考勞工階級白人的重組，是否會促成民主黨在二〇二〇年的壓倒性勝利。有可能，但如果融入民主黨的資格帶有輕蔑成分，就不太可能實現了。

美國的階級包括種族、性別、經濟、教育、職業、地理、文化等方面。加州大學哈斯汀法學院教授瓊・威廉斯（Joan Williams）在《勞工階級白人》（*White Working Class*）書中概述三層階級結構：由受過大學教育、收入在前二〇%的專業管理型菁英位居頂層。底層是窮人，收入的中位數為二萬二千五百美元（二〇一五年）。威廉斯將其他人歸入混合型「勞工中產階級」，原因在於收入或缺乏大學教育。他指出近年來，此中間階層的經濟前景蒙上陰影，社會地位也下降了。

許多中產階級的美國人每天都擔憂陷入財務危機。有六十一%美國人手頭上沒有一千美元可以處理緊急狀況。

與這些中產階級美國人相比，中上階層及上流社會的專業人士很不一樣，他們被稱為

「創意階級」、「知識階級」或「技術官僚主義」。這些名稱暗示那些缺乏創意、無知、愚鈍且從事卑微工作的人層次較低。專業管理型階層為企業股東的利益創造並推廣文化潮流，也能決定熱門內容的趨勢。他們把荷馬・辛普森（Homer Simpson）塑造成又胖又遲鈍的勞工階級丑角，並斥責貧窮的白人是「拖車裡的垃圾」。他們歧視喜歡聽鄉村音樂的求職者，卻偏好玩水球的求職者。他們憎恨川普，譏諷追隨他的勞工階級白人是觀念狹隘的傻瓜，並思考是否應該在投票站執行智力測驗。

川普吸引了上下階層的白人，但勞工階級白人首當其衝，承受著自由主義者的怒火。這些選民被視為對川普的勝利負有獨特的責任，而與他們相關的權威見解掩蓋了幾十年來腐蝕選舉政治和大眾文化的不祥力量。其中的禍害包括選民的思想被壓抑及不公正的選區劃分；企業活動的開支；由家財萬貫、受過高等教育的思想家及憤世嫉俗者設計並資助的右派造謠機；影響大眾文化的厭女症、暴力及種族主義。然而，主流媒體很少關注提議者、有權勢者及文化創造者，反而一再指責土裡土氣的勞工階級不認同希拉蕊所強調的——美國已經很偉大了。

階級歧視者的蔑視，使川普的勞工階級支持者更加團結。儘管這些支持者不是川普粉絲圈的主要成員，人數卻多到能使左派動搖。失望的數百萬勞工階級選民，漸漸在選舉日不投票。光是在密西根州，川普就以一萬零七百零四票的優勢勝出。有超過八萬七千八百一十位選民，其中大多數是民主黨人，他們是連推選排水專員也認為要投票的一群人，卻沒有投票選總統。

階級歧視是社會上可容許偏見的最後邊界，在自由派與勞工階級白人之間形成文化對立，而共和黨人善加利用分歧，發揮極佳的效果。

右派宣傳者善於將自由派的不屑態度轉化成武器。他們將憤憤不平的觀眾注意力引向心胸狹窄的「自由派傻蛋」，使觀眾不去注意最富有的一％人口享有稅收減免；不去注意工作場所的剝削；不去注意為保障大公司和銀行而操縱體制的手段。自由主義者也經常忽視這些問題，因此沒有反對勢力能對抗這種偏右派的拉力。在缺乏進步主義的民粹主義情況下，右派的民粹主義者將所謂的階級從階級仇恨中剔除，取而代之的是文化替代物（槍械、過度篤信宗教、異性戀主義的陽剛之氣、愛國主義或本土主義的傲氣），以及代罪羔羊——移民、有色人種及其自由派女傭。如果沒有富人和窮人之間的階級鬥爭，社會保守主義派的藍領美國白人及其歷史上的對手（富人）就會共同擠在共和黨的屋簷下（如我在第五章的說明，階級鬥爭不代表抨擊富人）。

與自由派有關的可怕老調，如下：「那些住在大城市、揮金如土的自由派菁英討厭你們，認為你們是愚蠢的種族主義者。他們瞧不起你們，也嫌棄你們的宗教和生活方式，目的是奪走你們本來應該擁有的東西，然後送給他們偏好的黑人或棕色人種[2]。」這是有力的說辭，因為與聽眾感受到的輕蔑產生共鳴。如果沒有蔑視的情形，勞工階級的選民可能會懷疑這種說法，但既然前半句聽起來很接近事實，也許後半句也很真實。我們需要開始讓這些宣傳者的差事變得更加困難。

莎拉·斯馬什（Sarah Smarsh）著有《核心地帶》（*Heartland*），該書是關於她在堪薩斯州貧困地區成長的回憶錄。她指出，社會對窮人的蔑視轉變成窮人對自己的蔑視。她敘述何謂「恥感文化」：在這種文化中，抱怨自己的經濟困頓是不受歡迎的，而且沒有人比需要「施捨物」的人更討厭施捨的概念。自由主義者嘲笑勞工階級的人容易上當，被騙去投票反對階級利益時，值得注意的是他們幾個世紀以來都習慣這麼做。對此舉的鄙視可能會加深他

2　主要指來自南亞、東南亞、北非、大洋洲、拉丁美洲的種族。

們的自卑感。

由於階級的不穩定特性，階級歧視者的言論往往是看似合理推諉不知情的本領。例如，當地報紙的專欄作家創造了「土川普」一詞，將川普和土包子聯想在一起。明白了嗎？哈！作家以明確貶低「輕信的傻瓜」方式為讀者增添光彩，而傻瓜的愚蠢讓我們認識了川普，然後作家感嘆「土川普」不懂得欣賞莫札特的音樂。他沒有在文章中提到階級或收入，但他的意思很清楚：「土川普」是白色垃圾[3]。

《斑點》（*The Patch*）更明顯表現出階級歧視，他們發表了一篇關於一百座加州城市的文章，這些城市都是公認的貧民區。這篇文章缺乏新聞價值，用意只是嘲弄喜歡釣魚、吸食菸草及烤肉的典型美國南方男性。這些南方男性聽到川普斥責媒體是「全民公敵」時，也許會回想起類似的文章把他們諷刺成開槍的鄉巴佬，開著多餘的大卡車到處跑，壓碎一箱箱的庫爾斯（Coors Light）啤酒直到天亮。

二〇一七年，《華盛頓郵報》的諷刺作家亞歷山德拉．佩特里（Alexandra Petri）在文章中凸顯階級偏見的刻板印象，嘲諷落魄的川普支持者穿得像突然對鏽帶（Rust Belt）[4]感興趣的記者同事。她在開頭寫：

在老舊的旗幟工廠附近，克雷格・斯拉博尼克（Craig Slabornik）坐著削生鏽釘子。這是他在工廠停業後的唯一愛好。他與數百萬名美國人一樣，是個平凡的美國人。他不後悔在十一月投票支持川普，也一再表示這只是選民舞弊困擾著國家的佐證。他很矛盾，但他沒察覺到這一點。

該文章充斥著階級歧視者的抨擊，並嘲諷佩特里虛構的人物對工廠倒閉及農村小鎮衰落感到悲傷：

莉迪亞・博科（Lydia Borkle）住在亞利桑那州坦佩廠（Tempe Work Only）小鎮的窮困區，那裡的工廠因生鏽而腐蝕成一堆零件和灰塵。工作都被機器人取代了，沒有轉移到海外做，這讓莉迪亞了解到自己變得多餘（我慢慢地耐心陳述緣由……）。她

3 對窮苦白人的貶稱，尤其是美國南方鄉村地區的白人。

4 指美國一九八〇年代起的工業衰退地區。

坦承已受夠了沿海菁英媒體不斷出現，只為了以刻薄筆調批評她居住的城鎮及她的生活……。

佩特里意識到藍領保守主義者感到被貶抑，卻仍繼續譏諷他們。她與前MSNBC主持人、大富豪凱思・奧伯曼（Keith Olberman）是好朋友。當莎拉・裴琳（Sarah Palin）和泰德・納金特（Ted Nugent）到白宮拜訪川普時，奧伯曼譏笑他們是窮鬼。窮鬼、白色垃圾、紅脖子、山地人、鄉巴佬、土包子、下層社會──皆為帶有階級偏見的貶稱。裴琳和納金特有許多不討喜的特質，但這些特質與粗俗居民的性格毫無關聯。

多年來，詹姆斯・法羅斯（James Fallows）為《大西洋》雜誌採訪川普帶領的居民。他說從加州的中央谷地到鏽帶，再到緬因州，美國鄉下人都覺得走在時尚尖端的都市人看不起他們，或在他們面前展現優越感。社會學家亞莉・霍奇查爾德（Arlie Hochschild）指出路州的茶黨成員對自由派電視權威的肆意抨擊感到厭煩，也表現出憎恨和防禦的態度。

不只有法羅斯、霍奇查爾德觀察階級間的恩怨。二〇一八年，《華盛頓郵報》的一系列文章將支持者對川普的忠誠度歸因於對沿海菁英的深刻仇恨，彷彿這些菁英的「輕蔑語錄」在他們的耳邊不停重播。例如，愛荷華州的農民丹．斯米克（Dan Smicker）透露，將保守主義與種族主義、恐同症混為一談的假設，讓他感到難過：「我有一位認識一輩子的朋友。等著看誰先往生，我們的友情才會結束。他就是我仰慕了四十年的同性戀紳士。我的意思是，我願意為他頭破血流，但有人說我是恐同者，讓我非常傷心。了解嗎？」斯米克擔任郡的共和黨會議主席，他推測為保守主義者貼上偏執狂的標籤會進一步疏遠不滿的「一般人」，然後這些人會漸漸向川普靠攏，因為他們覺得其他人都沒有認真聽他們說話。

就像美國中西部，阿帕拉契（Appalachia）長期以來也遭到忽視和輕視。後來，環境保護主義者才意識到悲慘的失業現象在產煤國是合理的顧慮，而被解雇的煤礦工也應該要有其他可以選擇的謀生方式。幾十年來，西維州一直支持民主黨，卻在二〇〇〇年為小布希改成支持共和黨，主因是煤炭業在一九九〇年代期間急遽衰落。

產煤國有許多前民主黨人把希望寄託在川普身上，期待他扭轉經濟局勢。貧困的麥克道威爾（McDowell）農村郡居民解釋說：「政客讓我們很失望，情況變得非常糟糕。所以，為什麼不給成功的商人機會，讓他用不同的方式處理事情呢？……川普似乎是能解散華盛頓的香檳派對，並為我們這些小人物著想的人。」

想像一下，你居住的小鎮以煤炭產業為主一百年了。你認識的所有人都在礦場或支援採礦的服務部門工作。在歐巴馬的任期內，礦場停工，失業率高達十七%。由於稅收損失，垃圾堆積在街道上。失業的礦工曾經是社區的慈善支柱，但他們再也無法回饋社會。鴉片類藥物及冰毒引起的傳染病，也在社區蔓延開來。除此之外，公用事業不得不開始從其他州採購燃煤發電時，電費就會飆升。隨之而來的是，希拉蕊特別提醒：「許多煤礦工和煤炭公司都會慘遭淘汰。」

另一方面，川普承諾煤炭業將重新崛起。你會投給誰？（希拉蕊曾表示支持失業的煤礦工，但許多右派媒體對她說的話斷章取義。他們沒有完整引用她的話，因此煤礦工的反應是投給川普，這就說得過去了。）

肯塔基州的職涯顧問關．強生（Gwen Johnson）說：「投給希拉蕊是對人民的背叛。」她在淚水和怒氣的短暫發洩之間，向我訴說上述的災難。她表示自己支持女性從政，但若非希拉蕊發表關於煤炭的言論，她本來要投給希拉蕊。「大家當時非常失望，」她說：「我寧可投給猥褻的女人，也不願投給一個說要讓煤礦工失業的女人。」

強生也將希拉蕊脫口而出的「一堆可憐蟲」解釋成對貧困鄉下人的階級偏見。在希拉蕊提到煤炭的失言風波幾個月後，阿帕拉契山區居民透過階級的視角看待她的評論，將她當成掌權的菁英分子，並擁護和捍衛川普，這確實是合情合理的事。

艾力克斯・吉布森（Alex Gibson）是肯塔基州東部的歐寶（Appalshop）媒體暨藝術非營利組織常務董事。他指出川普的言語帶有敬意。川普得知阿帕拉契山的社區陷入沮喪後，他告訴他們：「這不是你們的錯，是北美自由貿易協議的錯，是移民的錯，是歐巴馬的錯，是美國環保局的錯。你們那麼努力工作，他們卻壓榨你們。」吉布森表示，局外人把阿帕拉契當成資源耗盡的殖民地，既然該地區不再滿足資本主義政權的需求，居民遇到的麻煩變得無關緊要。吉布森是社區內為數不多的非洲裔美國人之一，身為黑人和阿帕拉契山區的居民，他感受到自己與美國夢[5]變得更加疏遠了。

民主黨的西維州參議員理查・奧傑達（Richard Ojeda）察覺到川普的「尊重」戲法後，於二〇一八年在川普曾以四十九個百分點的優勢領先的地區競選國會席位。雖然他輸了十二

5 指美國的理想（民主、權利、自由、機會及平等），其中的信念是個人透過勤奮工作、勇氣及決心邁向富裕人生，而非依賴別人的援助。

個百分點，但支持結盟的多種族勞工階級聯盟與二〇一六年相比，差距縮小了三十五個百分點，令人十分吃驚。至於在二〇一八年最後一次的競選活動中，他的結語是什麼呢？「我們值得受到尊重。」他說。

就像阿帕拉契山區的居民，南方人長期以來也忍受著酸言酸語。對一些沿海的自由主義者而言，南部是文化低俗的地方，居民多半是說話很滑稽的肥胖鄉巴佬。《芝加哥太陽報》（*Chicago Sun-Times*）的專欄作家寫道：「南方腹地是『野蠻國度』，沒有主要城市，也沒有創意與智力密集的主要中心。」川普大肆誹謗尼加拉瓜和海地是「糞坑」後，我看到下方的臉書貼文：

> 我只看到虛偽。我住在南部，早已習慣自由主義者把我們的國土稱為糞坑，或更糟糕的名稱。也許這就是為什麼我不太在乎總統是否把第三世界國家視為糞坑的原因。我得出了一套新理論。你們不喜歡川普，或許是因為在他身上看到太多你們不欣賞的特點。

自由派的優越感損害了美國勞工階級的尊嚴。從阿帕拉契到鏽帶，再到墨西哥灣沿岸地區，他們都受到了真正的傷害。他們表達的不滿經常遭到右派宣傳者忽視，或被當成憑空捏造的問題而不予理會。

經濟、愚蠢或種族歧視？

二〇一六年，最大的事後爭議是：支持川普的選民是出於經濟焦慮的「遺留美國人」，還是試著阻止白人、異性戀、基督教男性支配地位結束的偏執狂。有不少證據指出，偏見是許多選民的主要驅動力，但……說起來很複雜。

政治學家黛安娜．馬茲（Diana Mutz）是其中一位推斷出在二〇一六年選舉中，種族仇恨大過經濟焦慮的研究員。她指出，推斷結果與一般的種族主義稍微不同：大多數支持川普的白人，不認為有色人種低人一等；反之，他們認為有色人種表現優良，因此會威脅到他們在社會上的主導地位。政治學家艾許莉．加迪納（Ashley Jardina）的重要著作《白人身分認同政治》（*White Identity Politics*）解析了白人身分和種族主義。根據她提供的資料，許多以

「白人」或「盎格魯─撒克遜」文化為榮的白人，並不會看不起其他文化，但他們認為其他文化與占主導地位的白人文化有競爭關係。

我的用意並非為白人地位的焦慮原因、部落文化辯解成更平易近人的不同種族主義，而是要表明：自由主義者在理解川普支持者擁護的種族主義作風原因方面，愈是細緻入微，就愈能適當地調整回應的方式。我們愈能坦白承認所有階級和地區的美國白人都受到種族主義某種程度的困擾，就愈不容易表現出自以為是的優越感。

雖然大多數支持川普的白人選民覺得川普的白人民族主義令人安心，但不應該使那些受到經濟焦慮，或受到經濟與種族的雙重焦慮，再加上怨恨的有害混合因素所驅使的人失去考量價值。受到階級歧視壓迫的白人選民，已將恐懼和怨恨誤導到有色人種和移民身上。這是白人至上主義者的老套伎倆。只要有不平等的階級，就會產生階級仇恨。只要有階級仇恨，這股仇恨就會被誤導到有色人種身上。資本主義經濟需要能被剝削的下層階級，而勞工階級和中產階級的白人當然不想充當這個角色。

作家凱南・馬利克（Kenan Malik）在《衛報》（*The Guardian*）發表一篇關於大不列顛的文章，提到：「階級化的表達方式屢遭詬病，而文化和身分認同的措辭則備受矚目。」這句話同樣適用於美國。他接著寫：「因此，有許多勞工階級的人開始把他們在經濟和政治方面的邊緣化視為文化損失。許多人從種族的角度，而不是從階級的角度重新定義自身的利益。」

在選舉後的民調中，大多數支持川普的選民將移民和恐怖主義列為首要問題，但也有很多人指責經濟問題。只有十三％川普選民相信自己的孩子能享有更好的生活水準。他們以前投給歐巴馬，但後來漸漸相信民主黨與勞工階級白人的需求脫節。在二〇一〇年的眾議院選舉中，有高達五十七％的選民將經濟衰退的責任歸咎於華爾街，而不是歸咎於歐巴馬或小布希，並投票支持共和黨人。正如自由派《華盛頓郵報》專欄作家狄昂（E.J. Dionne）嘲弄道：「當大部分批評華爾街的人投給共和黨人時，民主黨人的做法顯然大錯特錯。」

雖然他們可能是川普粉絲圈裡的少數人，但關注他們是重要的事，不僅因為他們是二〇二〇年的珍貴「游離」選民，也因為他們受到了傷害——不像有色人種的勞工那麼慘，但確實是受害者。農村地區的失業率、貧困及殘疾問題都比都市地區嚴重。此外，從二〇〇八年以來，農村地區經歷的經濟復甦相對較小。自動化和境外生產只會讓糟糕的情況持續惡化。

即使是那些因為川普承諾要封鎖邊境而支持他的人，也不一定仇外。也許他們有理由擔心移民願意領低於標準的工資，並憎惡企業對廉價勞動力的需求推動移民政策的方式（關於移民勞工導致工資下降的證據不一，但上述的見解和擔憂卻實實在在）。勞工階級白人的不滿情緒裹著種族主義的外衣時，否認這種情緒的合理性看似理所當然，但他們可能是同時在強調著其他事情：幾十年來的軍國主義偏見及受害者；自動化；緊縮政策驅使的預算削減；倒退的貿易、反結盟、解除管制以及稅收政策。

攝影師克里斯・阿納德（Chris Arnade）在為期兩年的新聞攝影之旅中，認識到許多所謂的菁英政治輸家。重點是什麼呢？他們生活在充滿鴉片類藥物、支離破碎的工業區，持續承受著焦慮，並為自己的悲慘生活狀況及崩潰的社區感到丟臉。

英國記者蓋瑞・瓊格（Gary Younge）在為《衛報》撰寫的一系列文章中，採用類似的蒙太奇手法，推斷出的結論是：「經濟焦慮和右派民族主義之間的關聯可能被誇大了，卻不可否認……川普的勝利不能只以種族主義來解釋，更何況分別試著理解種族和階級，會導致人們完全誤解這兩者。」

他舉例，來自印第安納州的三十五歲勞工階級白人、支持川普的選民傑米・沃爾什（Jamie Walsh）表示，貧窮的白人不喜歡被指責享有特權。沃爾什也說，他們討厭被人說很愚蠢和政治不正確，因為希望有人支持他們，就像自由主義者支持女性和少數族群的方式。「一般白人的特權讓貧窮白人很不滿，因為他們從來沒有體驗過認知中的特權。一般人聽到『特權』，就會聯想到金錢和機會，但他們沒有特權。」沃爾什說。

二〇一九年，研究發現了解白人特權的自由主義者對貧窮白人比較沒有同情心。許多人認為，如果貧窮的白人無法利用種族特權，他們只能將困境怪罪於自己。這種非此即彼的思維——種族主義或階級歧視——使低收入的白人只能訴諸白人民族主義或自責。

就像瓊格和阿納德，調查記者亞歷山大・札奇克（Alexander Zaitchik）猜想在共和黨初選期間，有比確實的偏見更複雜的東西推動著川普的成功。他寫的書《鍍金的憤怒》（*The Gilded Rage*）描繪了川普選民有時矛盾又複雜的看法和動機。「人類很複雜，」他說：「如果你試著改變別人，你會對結果很失望。」

札奇克遇到偏執狂後，說：「但很少人關注選民支持川普的原因。我給許多人充裕的時間聊聊自己的想法，但他們最想談論的是經濟崩潰、產業損失、菁英的優越感及背叛。」他總結說，自大的菁英比有色人種更讓他們反感。

札奇克採訪過的許多川普支持者，都有支持進步主義的民粹主義傾向。要不是他們最喜歡的脫口秀廣播主持人是迫害者，並發表反社會主義的譴責言論，他們本來打算投給伯尼・桑德斯（Bernie Sanders）。前勞動部部長羅伯特・列治（Robert Reich）贊同札奇克的觀點，也發現鏽帶有相當多選民支持桑德斯。這些選民在二〇一五年的初選期間，表示只有川普和桑德斯這兩位候選人才能拯救急需調整的體制。

二〇一八年，《華盛頓郵報》的記者團隊採訪中西部地區的川普支持者。幾十年來，這些地區一直支持民主黨，但在二〇一六年改為支持川普。日趨惡化的流動性及美國夢的價值逐漸下降，是他們經常提到的話題，也是他們投票的依據。有些人抱怨沿海地區的媒體和政客忽視了中西部地區。也有些人將生活品質下降歸咎於有色人種和移民。雖然有些人對川普非常忠誠，但也有些人後悔投錯人。

根據某些研究，在特定的標準衡量下，勞工階級的白人和共和黨人更相信種族主義，但我們不應該過度籠統地概括。二十八%民主黨人（及七十五%共和黨人）將黑人無法出人頭地歸因於個人的失敗，而不是差別待遇。在某種程度上，種族主義深植於所有美國白人的心中，包括在「團結右派集會」揍黑人的航空航太工業工程師；在史丹佛大學受過教育的化學工程師，說服警察攻擊在奧克蘭公園烤肉的黑人；即使兩位候選人的經歷完全相同，依然會出現一味偏袒的情形。白人勢力的團體積極在大學校園招募成員，其中許多發言人都受過大學教育。

受過教育的自由主義者認為「他們」是種族主義者，但「我們」不是，這不僅是兩極分化，也不屬實。之前已討論過吉布森對於川普在阿帕拉契具有感染力的見解。他說，在他的肯塔基州農村小鎮，他沒有經歷過公然的種族歧視。在舊金山、洛杉磯或紐約，有哪個黑人會這樣說？

川普的粉絲圈包括各個階層和種族的選民，也有零星的窮人、回教徒及黑人，還有二十八%拉丁裔美國人投票支持川普。我們並沒有一個放諸四海皆准的解釋能預先探討特定個體的動機。當我們以偏概全時，就有可能疏遠我們需要接觸的人。右派已經成功地在勞工階級白人和有色人種之間製造不和。我們喊出種族主義，卻不承認「勝者為王」的制度是偏袒富人的操縱手段時，我們就助長了「分而治之」的策略。

對許多選民而言，川普猶如絕望或憤怒的聖母經，動機是比種族主義有更多面向的東西。以工會組織者埃德．哈利（Ed Harry）這樣的選民為例，在美國藍領階級被當權的民主黨人「拒於門外」之前，他是民主黨的死忠粉絲。後來，哈利把賭注押在競賽中的唯一局外人，也就是呼籲幕後操縱體制的人。以選民康妮・諾克斯（Connie Knox）為例，歐巴馬支持「跨太平洋戰略經濟夥伴關係協定」（TPP）時，這位民主黨人就對他失去了信心。或許這些傳聞只能反映少數正在經歷經濟混亂的美國人情況，並對民主黨人採取應變措施不抱希望了，但選舉的勝負關鍵就在於這樣的差距。

二〇一六年大選前後，「美國動起來」採訪了俄亥俄州和賓州的一千名勞工階級中間選民，結果發現大約有一半的人是仍舉棋不定的「探索者」，在就醫療保健、工作或社會保障的議題進行談論後，容易改為支持左派。「美國動起來」主管馬特・莫里森（Matt Morrison）表示，對勞工階級的選民而言，他們的分歧並不是來自民主黨人和共和黨人之間的對立，而是美國勞工和菁英分子之間的對立。

布魯金斯學會（Brookings Institution）資深研究員威廉・加爾斯頓（William Galston）告誡人們不要有輕視美國農村的念頭：「仔細想想，對許多美國人說『你們完蛋了』會帶來什麼樣的政治後果？這在政治上非常重要。」二〇一六年大選前三個月，參議員查克・舒默（Chuck Schumer）就是個貼切的例子，他聲明：「我們在賓州西部每失去一個藍領民主黨人，就會在費城郊區贏得兩個溫和派共和黨人。這適用於俄亥俄州、伊利諾州及威斯康辛州。」

舒默認為民主黨人可以在放棄一部分基礎的條件下，依然獲勝。目前，這部分屬於川普，而民主黨要在二〇二〇年獲勝，需要舒默不重視的一些搖擺州勞工階級選民放棄川普，以及讓一些心懷不滿的民主黨人願意投票。

舒默的傲慢令人想起民主黨的另一個原則：非白種人在二〇四〇年在人口中占多數時，共和黨人也只能面臨垮臺的命運。我的想法是，非白種人占多數能迎來選舉理想國的假設未免也太自大了。那一年還很遙遠，而且強硬的右派政治家，尤其是像川普這類獨裁者，能夠從現在開始造成不可逆轉的損害，包括變本加厲地剝奪多數非白種人的選舉權，而他們對民主黨的忠誠度實際上漸漸降低。一旦民主黨對政治重組的預測讓保守派白人有疑慮，這些白人就會支持能使重組失效的手段。與其預先幸災樂禍，不如採取安撫的方式，就能有效化解白人擔憂的隱患。

這並不是說，白人是受困的少數群體。但對白人自由主義者而言，聽聽白人的想法無傷大雅；他們認為這些白人的弱點與人數、文化地位漸漸失去影響力的事實有關。我們沒有出於同理心而給他們救生衣，而是試著讓他們淹沒在羞愧之海。然後，他們又回到川普身邊，尋求對他們持久卓越的肯定。等到美國中部的處境艱難有更佳的診斷結果和處方箋時，川普特有的白人民族主義感染力就會大大降低。

布里安娜・喬伊・格雷（Briahna Joy Gray）是桑德斯的新聞秘書（我撰寫本文時），也是《攔截報》（*The Intercept*）的前編輯。在道德與策略方面，她奮力地與支持種族主義的川普支持者搏鬥，並利用研究指出容易感到羞愧的人傾向於抨擊無辜的代罪羔羊，藉此維護自尊心。她得出以下結論：

當然，偏執的責任完全落在頑固者的肩上，但值得考慮的是，我們的表達方式是否會影響到白人恐懼未來，或使白人認為兼容並蓄的未來有能讓他們受益的平等權。其中的人道原因如下：無論種族，每個人在奉行平等主義的未來中，都應該能夠感受到社群意識、歸屬感及自豪感。然而，思考促使不滿者向特定目標邁進的社會因素，也符合種族正義運動的私利。一旦發現某種方法確實能助長另類右派的發展，那麼就需要進行嚴格審查，畢竟沒有什麼事比大批憤怒的年輕人加入白人至上主義者的團體，更容易傷害有色人種了。

雖然聽到人們對新興的非白種人多數派表示反感或不安，是令人操心的事，但格雷認為斥責這些人反而會阻礙他們的救贖能力：

羞辱的方式會讓我們對複雜的人為因素漠不關心，而這些因素構成了我們厭惡的決定……將羞愧感應用到一群同類的人，而不是更仔細評估他們產生某種感受、做某件事的背後原因，這意味著我們可能忽略了應該受到譴責的人——或許是那些比「可憐蟲」更反覆無常、耳根子軟的人，改天可能又回心轉意加入我們的陣營。

我認為沒有特殊的解釋，能說明是什麼因素激勵著美國每位種族主義者的思想。重點是，我們不該假定任何川普選民的動機是出自於種族主義。如果他們明確表示自己是種族主義者，我們應該要進行詳細的分析，並對我們發現的核心問題做出回應。

大多數美國白人都意識到種族差異的問題，但許多人不明白背後的原因。支持進步主義的溝通專家阿納特．申克．奧索里奧（Anat Shenker-Osorio）所屬的研究團隊，專門測試支持進步主義的候選人如何有效地建構種族與階級的議題。我撰寫本文時，該團隊從明尼蘇達州的選民身上初步發現：明確涉及種族與階級的訊息，是抵制共和黨「狗哨」[6]的最有效方式。下方的訊息使原本收過共和黨排外傳單的五十七％明尼蘇達州白人，轉而支持進步主義候選人：

> 無論是白人、黑人或棕色人種，無論是第五代人或新移民，我們都希望為孩子打造更美好的未來。我的對手說有些家庭有價值，而有些家庭不重要。他想讓我們互相競爭，以便取得權力，並為捐贈者收取回扣。

奧索里奧的研究指出，許多白人聽到能促進與有色人種團結而不是樹敵的敘述時，他們的反應是藐視狗哨。他說：「有必要幫助白人理解嚴重的種族差異原因，不該只指出懸殊問題，讓他們自己去『腦補』因果關係。」換句話說，把他們貶低為無可救藥的種族主義者，是自毀政治前程的行為。精神病學家喬納森．梅茲爾（Jonathan Metzl）著有《白人之死》（*Dying of Whiteness: How The Politics of Racial Resentment is Killing America's Heartland*），他也有類似的看法：要使勞工階級白人的選民免於川普特有的種族仇恨煽動影響，就需要針對白人特權、保守派白人社群的榮譽價值觀和慣例進行深入對話，以便他們了解白人民族主義如何與保守派價值觀產生矛盾。

紀錄片製作人惠特尼・道（Whitney Dow）錄下一百名美國白人的口述歷史，並提到白人男性：「他們努力適應白人男性原型的解構主義……新的情報傳來時，他們努力為自己建構公正的說法，也必須調整和重塑自己的敘述，卻以失敗收場。」他們還有努力的空間，但過程中備受羞辱和指責阻撓。

二〇一七年，CNN評論員范・瓊斯（Van Jones）談到自己到川普帶領的國土旅遊時，說：「我遇到異性戀、白人、順性別、異性戀的川普選民。他們在國內都是優秀的人……我發現到了這點，無法視而不見。我總不能假裝不知情，然後參與普遍又容易的批判和抨擊吧。」

瓊斯在大選之夜創造了「進擊的白人」（whitelash）一詞，用來解釋和悲嘆川普的勝

6　有些政治人物或利益團體做宣傳時，刻意使用曖昧不明的修辭。一般選民聽起來可能是有道理的口號，但在特定的聽眾耳裡，有另一番言外之意。

利。但他在《揭開真相》（*Beyond the Messy Truth*）提到觀眾誤解了他的意思。他並不是指所有支持川普的選民都是種族主義者。他指出，有七萬名鏽帶居民投給歐巴馬，後來投給川普，因此他認為支持川普的選民有複雜的動機，包括對企業全球化的不滿，而史蒂芬・班農（Steve Bannon）和另類右派把這種不滿情緒轉化為對本土主義和白人至上主義的憤恨。

蔑視美國中產階級的川普選民，意味著不了解他們當中的某些人在市場資本主義肆虐下所經歷的痛苦，也忽視了中產階級選民不願意為更窮困的人付出社會福利津貼。幾十年來，富裕的美國人和大公司都沒有繳納相對公平的稅收，中產階級卻得扛起此負擔，因此他們感到不滿是很合理的，即便他們恨錯了對象也合乎情理。

人心比院子裡的標牌更複雜。但對許多左派分子而言，川普開放地接受白人至上主義，正是大家需要了解為何有人願意支持他的關鍵。我們對偏執的恐懼和厭惡，掩蓋了其他可能共存於川普支持者心目中的互動力量。若說到其他的互動力量，我們應該更常深入了解，例如反當局的情緒、對全球化和自動化的不信任、真誠的宗教信仰，以及對家庭和社區關係的依戀。二〇一六年，六十八％選民認同「傳統的政黨與政治家不在乎像我這樣的人」，此事實充分說明了民粹主義者不滿的程度。

有二千三百萬名勞工階級的美國白人，被視為二〇二〇年的潛在中間選民。截至二〇一八年三月，原先支持川普的十八%選民表示對川普不太感興趣。人數太多，不值得貶低為可悲者。

傾聽

凱西・克拉默（Katherine Cramer）撰寫的《恩怨政治》（*The Politics of Resentment*）充滿了威斯康辛州農村居民對文化菁英主義的怨恨。她的研究對象一次又一次抱怨都市人（麥迪遜的居民）漠視常識性的智慧和親力親為的務實技能，並詆毀重要的農村價值觀和生活方式。二〇〇八年，歐巴馬在競選中脫穎而出；比起希拉蕊，他們比較喜歡歐巴馬，因為他們覺得他是個腳踏實地的人（一段時間後，此看法逐漸改變了）。

過去五年來，克拉默一共採訪了二十七個團體。根據一些威斯康辛州農村居民的說法，她從幾百次傾聽的會談中，發現「富人」不一定很富有——這些文化菁英忽略了鄉下人的需求，認為農村的價值觀和生活方式很低俗。雖然克拉默記錄不少種族主義的內容，但她堅信農村的驕傲和帶有種族主義色彩的白人驕傲截然不同。

早在二〇〇五年，社會正義研究中心「政治研究協會」（Political Research Associates）創辦人琴·哈迪斯蒂（Jean Hardisty）就提到，右派的成功也在於擅長做一些左派（除了克拉默）不屑做的事——傾聽：

> 他們的才幹在於先積極地傾聽，從中發現許多美國人對種族、階級、性別及性傾向的憎恨核心，能夠為新的理智模式帶來情感基礎。他們在一九七〇年代就這麼做了，當時正好是自由主義者不再傾聽的時候，並以為舊右派的保守思想不再受歡迎，只有無知和落伍的選民才會支持他們。

哈迪斯蒂的同輩認為，平息右派保守勢力的關鍵是讓同理心觸及到中產階級的美國白人。這種策略與輕蔑態度恰恰相反。

有同理心地傾聽種族主義者的心聲，是一件困難的事。但是，如果我們做不到這一點，或我們斷定別人是偏執狂時，就會付出高昂的代價。只要我們不敞開心胸迎接救贖的可能性，就不會有救贖的機會。

著名的漢蘭達中心（Highlander Center）是田納西州的社會正義主導機構。二〇一九年，白人至上主義者縱火燒毀該中心的總部時，後者的反應是塑造同理心與責任交織的模式。該中心在新聞稿中說明：「白人勢力運動的鎖定目標是缺錢的勞工階級白人社群，這些人尋求歸屬感，但前者將他們與支持改善全民物質條件的人區分開來。」這篇新聞稿接著探討了白人勢力運動對黑人、回教徒、猶太人及移民的影響。

大選後，非洲裔美國詩人、種族平等激進分子西奧．威爾森（Theo E.J. Wilson）花了幾個月潛藏在另類右派的網路同溫層中，以期更了解白人民族主義者的動力來源。他在精彩的TED演講中，重新提出哈迪斯蒂長期忽視的建議：「是時候開始把人當人看了，不只是把自己的想法投射到別人身上，或做出反應而已……彼此之間的分歧沒有解決之道。沒有其他辦法了。」

威爾森批評自由主義者廣泛接納許多人，唯獨排斥忠實地持有保守觀點的人。他也批評自由主義者一概將白人男性妖魔化，因為他認為這種習慣助長了白人民族主義者的威勢。（他一定是讀懂了這位川普支持者的心思：「左派聲稱是團結者，不是分裂者；還聲稱兼容並蓄，然後卻以關於智力的評論，以及在現代世界中無關緊要的評論來排斥一半的人口。他們的說法聽起來有點虛偽。」）

威爾森做出的結論是人性需要升級，這是一種意識的進化，使我們能夠互相產生同理心，並為人類帶來煥然一新的聯繫方式。或許他的結論聽起來很天真，但深入了解人類弱點的能力正是進步主義的核心價值。有人以藥物或酒精傷害自己時，我們可以了解到他們遇到了需要「自我藥療」的情況。有人行竊時，我們可以了解到貧窮和唯物主義文化是起因。發生殺害事件時，我們需要了解兇手是否在童年受過虐待。我們可以試著了解，是什麼原因導致人傷害自己和別人，但這不是為了寬恕他們的行為，而是因為理解精神異常的動機後，我們才有機會找到問題的答案。同樣的原則也適用於偏執行為。

如果我們採納威爾森的處方，輕蔑則成了禁忌。

後工業社會之亂

比爾．柯林頓（Bill Clinton）手下的財政部長勞倫斯．薩默斯（Lawrence Summers）坦承，他沒去過被NAFTA摧毀的鏽帶城市。「我們不太關注離鄉背井的白人勞工，」他說：「民主黨的大本營是由國際菁英和多樣性組成的聯盟。」

薩默斯提到的「國際菁英」是受過高等教育的富人。他們在世界各地旅行，居住在種族多樣化的城市，並在交流方面持續與國際接軌。對他們而言，全球化的好處不勝枚舉，而壞處毫不起眼。但是，對那些認為美好生活是放慢步調、思想偏狹的人而言，全球經濟和通訊網絡會對他們的生計、生活方式及社區構成威脅——取消抵押品贖回權、境外生產及自動化已破壞了這一切。

我們的經濟承受著顛覆性企業的巨大衝擊。這些企業使許多勞工淪落到在零工經濟、亞馬遜訂單履行中心之下，做著不穩定、薪酬過低的按件計酬工作。人工智慧的突破只會使破壞的情況更嚴重。

有時，成功的技術官僚譏笑別人跟不上潮流。儘管許多富裕的自由主義者很同情窮人，但也有一些富人憑著菁英政治的迷思來合理化自己的財富，掩飾菁英政治固有的不平等，在本質上區分贏家和輸家。「你們都是該死的寄生蟲！」抗議者在阿布奎基（Albuquerque）對川普的集會者大喊：「你們就是不想讓別人得到好處！」這可不是勞工階級團結一致的感人時刻。

在一九八〇年出生的美國人中，只有不到一半的人能掙得與父母一樣多的錢；在一九五〇年出生的人中，此比例為七十九%；在一九四〇年出生的人中，此比例為九十二%。幾十年來，低收入白人勞工的工資沒有調升或有減薪的跡象（黑人和拉丁裔勞工的工資有調升，但仍然與白人落差很大）。從一九七一年開始，中產階級家庭的比例下降了一〇%——一半加入上流社會，一半轉變為下層階級。難怪中產階級總是期待發家致富，同時擔憂淪落為窮人。

歷史學家史蒂夫・福瑞澤（Steve Fraser）在《富有的自由主義者》（*The Limousine Liberal*）中，將右派民粹主義的興起追溯到尼克森總統在位期間，當時的藍領白人發現他們與羅斯福新政[7]自由主義的社會契約即將到期。結構性失業和工資停滯產生很大的影響，但民主黨人沒有提出解決方案。尼克森也沒有幫助勞工階級，反而讚揚他們的風俗習慣，引起文化戰爭。這場戰爭瀰漫著勤奮工作、謙遜等崇高傳統，以及父權制、白人至上主義等有害傳統。雷根和小布希延續了這種方式。後者運用財閥政治的民粹主義策略，甚至為參加競選集會的企業遊說者送上了死忠的保守派人士。

尼克森選民的不滿原因不只是財務層面。他們也悲嘆現代生活的明顯分裂性質。這種情況只會愈演愈烈。社會結構薄弱，公民的參與度缺乏活力，窮人也被視為輸家。兩黨所擁護的菁英政治迷思，已有效取代社區與關懷的利他主義價值觀，導致社會環境糟糕到迫使將近五%美國人有自殺的行為。

與經濟不穩定、缺乏凝聚力同時發生的是，幾個重大的人口與文化轉變：美國白人的比例從一九七〇年的八十八%，下降到二〇一〇年的七十二%。如今，女性在職場與男性競爭，性別認同不斷變化，多元文化主義成了常態，婚姻平權列入國法，也出現了談論種族和性別的新辭彙——還不熟悉這些辭彙的人已經不耐煩了。整體而言，白人在高等教育、政治、企業管理以及法律、醫學、新聞等享有盛譽的職業中，所占的比例過高。但這並不包括勞工階級的白人。有色人種和中產階級的白人女性逐漸取得代表權時，貧窮白人的命運依然不變。反之，以預期壽命、健康、教育程度及收入來衡量，他們的幸福感不如從前了。

7　富蘭克林・羅斯福就任美國總統後所實行的一系列經濟政策，其核心政策是三個R：救濟（Relief）、復興（Recovery）及改革（Reform），亦稱「三R新政」。

這些不斷惡化的社會條件，為競賽中的騙子做好準備，在富有和不富有的白人之間建立虛偽的關係，而這種關係往往壓制窮人可能對富人的財富提出的任何要求。格雷敏銳地指出，如果沒有階級分析，喚起川普的種族主義反而會增強他「偉大的白人救星」地位——他時時把美國白人的最大利益放在心上。因此，他對裙帶資本主義[8]的貪婪擁戴鮮為人知。

種族主義的準則是為了證明販賣奴隸的合理性。從那時起，在資本主義的激烈競爭中，該準則有效地使貧窮的白人與黑人對抗。隨著貧富差距的問題變得極端，寡頭政治家更樂於煽動不富有的白人指責移民和有色人種無法功成名就。落魄的人對自身處境有以下三種解釋：制度有缺陷；他們是魯蛇，只能怪自己；都是代罪羔羊及自由派縱容者的錯。假設經濟菁英把一號門封死，我們的民主政體就會受到進入三號門的誘惑而陷入危險。

大多數自由主義者都明白，性別平等和種族多元化並不是經濟衰退的原因。請設身處地為生活在快速多元化地區的白人保守主義者著想吧。三K黨領導人瑞秋．彭德格拉夫（Rachel Pendergraft）表示，仇恨組織的人數不斷增加，新成員在各自的祖國都感到格格不入。即使一個人沒有經歷過階級下降，當他看到社區裡的其他人舉步維艱，並誤以為困頓與種族多樣性、自由主義的移民政策有關時，他們會擔心自己身為少數白人族群的前程。

自由派專家對民族主義望而生畏，因為他們只看到種族主義這一面，卻忽略了民族主義如何回應全球化的不利影響。三分之二的勞工階級白人和四分之三的川普主要選民認為貿易協定對美國勞工不利；有許多證據能證明他們的想法屬實（外國勞工也在協議中受到剝削）。川普告訴他們，他要撕毀不得人心的貿易協定、氣候協定，好讓他們恢復工作。這聽起來很有說服力。

NAFTA通過後，電氣工的工會理事長立誓要報復：「柯林頓欺騙我們。我們決不會忘記。」二十四年後，以及經過幾十次川普的反NAFTA哀訴後，電氣工會的一般成員歡迎川普來到他們的費城工地。明尼蘇達州的鋼鐵工也說，他們不會原諒柯林頓總統支持NAFTA，而川普直言不諱地承諾要終止TPP，贏得了他們的支持。他們說，貿易協定是首要問題，也是曾經穩固的藍州北斯塔（North Star）轉而支持紅州的原因。

自由派民主黨人說的對：我們不會回到隱秘、嚴格控制、種族隔離的一九五〇年代，但

---

8 經濟體中的商業是否成功，取決於企業、商界人士及政府官員之間的關係是否密切，可能表現在法律許可的分配、政府補助或特殊的稅收優惠等。

我們也不會回到柯林頓執政的一九九〇年代。這點在二〇一六年尤為明顯。

紐約市立大學社會學家查理・珀斯特（Charlie Post）總結二〇一六年的潰敗：「傳統的民主黨勞工階級選民，面臨了在蔑視勞工的新自由主義者和承諾要恢復高薪製造業工作的右派民粹主義者之間做選擇。許多人決定不投票，而少數人的忠誠度從首位非洲裔美國總統轉移到公然的種族主義者和排外者。」或者，套用麥可・摩爾不那麼學究式的說法，川普的勝利是「人類史上記載的最大宗離奇事件」。

珀斯特的結論與愛荷華州霍華德郡（Howard County）藍領階級的川普選民觀點一致。歐巴馬在該郡贏得二十個百分點，而川普以驚人的四十一個百分點獲勝。帕特・莫瑞（Pat Murray）是折床機操作員，也是該郡的監督委員會民主黨成員，他說：「民主黨人老是說要為勞工而戰。但最後幾次選舉，我們根本沒有體現這點。」莫瑞沒有投給川普，但他的夥伴投給了川普。在一次又一次的採訪中，他們給出的理由是柯林頓的菁英主義。他們為桑德斯召開政黨決策會，而當他在初選中失利時，他們的絕望目光轉向了川普。

詆毀希拉蕊的人不只有藍領白人。初選期間，民權學者蜜雪兒・亞歷山大（Michelle Alexander）指出希拉蕊不值得黑人投票。顯然，她並不是唯一這麼想的人。在二〇一二年投給歐巴馬的黑人選民，當中有十一%在二〇一六年決定不投票，這意味著損失一百六十萬張選票。其中，有許多人是位於川普以極小優勢獲勝的搖擺州。有些密爾瓦基（Milwaukee）的黑人居民向記者透露，歐巴馬執政八年後，他們對自己的生活沒什麼改善感到失望，也沒有動力投給希拉蕊。誠如民調專家暨戰略家史丹利・格林伯格（Stanley Greenberg）所言：「民主黨人沒有『勞工階級白人』的問題，可是有『勞工階級』的問題。」這是幾十年來，與菁英分子的經濟利益保持一致的問題。

政治分析家湯瑪斯・法蘭克在《聽著，自由主義者》（*Listen, Liberal*）中提到，當市場「看不見的手」奪取黑人、棕色人種及中產階級白人的財富並交給寡頭政治家時，有太多民主黨人袖手旁觀，甚至拍手叫好。公開市場研究所（Open Markets Institute）政策總監麥特・史托勒（Matt Stoller）表示：「偏向希拉蕊的民主黨人，以一種意識形態取代羅斯福新政時期對經濟民主和政治民主的理解，而這種意識形態將一群新的政治菁英和經濟菁英對美國勞工階級的掠奪合理化了。」在經濟問題方面，民主黨變得傾向於右派，以至於桑德斯的二〇一六年政綱看起來像是德懷特・艾森豪（Dwight Eisenhower）的政綱！由於民主黨人堅持偏向右派的中間主義，而且幾乎沒有試著從中間進一步向左調整，勞工階級的衣缽在二〇一六年時已變得薄弱。

法蘭克說，一旦成為中上階層的黨派，就不再與自由市場體系中處於劣勢的人對話了，而該體系變得愈來愈殘酷和傲慢。這為右派勢力拉攏階級，以及為川普虛偽地抨擊當局創造了機會。法蘭克也感嘆道：「譴責未來獨裁者川普的任務，已使評估民主黨哪裡出錯這一同等重要的任務被排擠了……他們不需要說服任何人，只需要讓自己的美德在眾人面前閃亮登場。」

也許你不認同新自由主義經濟的自由貿易、解除管制的政策是國家經濟困境的禍因，而我不是要說服你排斥市場資本主義，或將菁英政治視為神話或專制。我的意思是，除了偏執之外，還有一些社會條件、政治條件使許多勞工階級和中下階級的人感到被冷落了。假如他們聘請川普來摧毀他們認為受到操縱的體制，那麼承諾要回到二〇一五年美好時光（在川普毀掉一切之前）的競選活動無法鼓舞人心，而不願承認過去的美好時光其實充斥著憤世嫉俗和絕望的對話也無法鼓舞人心。川普解決複雜問題的辦法不可靠、過度簡化又殘酷，但這些問題實實在在。

不對勁

許多美國人不僅受到理財焦慮的折磨，也為未來不確定性加劇的危機感到擔憂。在有條理的理解世界新方式確立之前，舊秩序正在瓦解。

當代社會令人感到迷茫和空虛。我們生活在「可觀察的現實」概念正在崩塌的時代。製作和傳播偽造照片與影片的技術，已編造了一系列令人眼花撩亂的另類實境業務。匿名個人和機器人創造的網路內容擴散，增添了社群媒體不負責任、可憎及狂歡般的氛圍。隨著虛擬實境娛樂和資訊娛樂的選擇湧現，幻想與現實之間的模糊界線只會變得更不穩定。我們的思想也更容易受到惡人壓迫。

人類的思維還沒有進化到可以解析現實。我認為，我們就像生活在未來學家暨作家艾文·托佛勒（Alvin Toffler）於一九七〇年預言的「未來衝擊」狀態，其中的指數變化、人口成長、新技術及資訊爆炸，在我們還來不及理解時就迅速湧來了。有些善於處理這些變化的人能在技術官僚主義中脫穎而出，也有些人從情緒轉換、購物、遊戲及其他逃避現實的形式中找到情緒宣洩的管道。愈容易受到未來衝擊影響的人，愈容易淪為煽動者的犧牲品，而這些煽動者往往以不完善的推論代替複雜的事實。

作家喬治・桑德斯（George Saunders）在全國各地自駕遊時，試著了解為什麼川普的支持者感到憤憤不平。他若有所思地說：「一般人都會覺得哪裡不對勁。」如他快速駛過平淡無奇的明亮空地，而這些空地彷彿是為了遠方的美好目的地而建造。他發現在耀眼的美國企業光芒下，連鎖店員工的希望和夢想幻滅時，像川普這類憤世嫉俗的唯物主義者就能趁機填補空虛感。讓美國再度變得偉大，聽起來比陷入絕望更可取。

在民主黨人或有望成功的第三黨為生活在美國夢、美國現實交匯處產生的認知失調的美國人提供解釋或解決方案前，其中有許多人（多半是白人）能從川普的民族主義童話中得到安慰。也許川普主義無法在物質方面改善他們的生活，但至少能把他們捧為英雄，而不是把他們貶得一文不值。

許多美國人對文化、技術、職業及社會變遷的大動盪感到備受威脅和迷失，其中有些屬於進步主義，有些屬於虛無主義。即使是為了邁向美好前景的改變，也可能讓人覺得壓力大或迷惑。人口結構的變化與整體社會結構惡化同時發生時，人們很容易搞混相關性和因果關係（福斯新聞經常混淆視聽）。

作家查爾斯・艾森斯坦寫道：「仇恨和指責是讓人從困惑的情境中找到意義的便捷方式。」在現代資本主義這種令人迷惘、缺乏人情味的條件下，人們的生活其實被剝奪了意義與目的。一旦他們的淨生產價值比宏都拉斯人或機器人落後，就會淪為隨時被拋棄的機器齒輪。他們從重大的敘事中尋求慰藉；儘管這些敘事把他們描繪成受害者，他們的榮譽感將靠著一位精明幹練、突破框架的強人強勢回歸。

川普煽動恐懼和仇恨的能力令人印象深刻，並使許多左派分子度日如年，直到投票支持他的輕信、愚鈍種族主義者遭到報應。我們要麼繼續嘲笑和對抗美國中產階級，要麼發覺他們人性的一面，並向他們展示我方的人性。我國涉足法西斯主義的領域時，恐怕階級歧視的輕蔑態度是不顧後果的舉止。

第三章 為何不是人人加入自由派

如果我們能解讀敵人的隱秘過去，就會發現每個人的生活其實都很悲苦，足以消除我們的敵意。

——亨利·華茲華斯·朗費羅（*Henry Wadsworth Longfellow*）

如果你知道保守主義者禁不住守舊，就像你情不自禁加入自由派；如果你知道他們跟你一樣有真誠的信念，也很看重自己的信念，你會對他們更有好感嗎？如果你明白保守意識形態的道德與認知基礎，你會不會覺得沒那麼輕視他們了？

自由主義者往往認為富裕的川普支持者是自私的財富囤積者，也認為不富有的川普支持者是不幸的傻瓜——搞不懂什麼對自己有利——為何他們不看在老天的份上，成為量入為出的自由主義者呢？我發現自己的思考過程好幾次陷入這種居高臨下的心態。

如我在前一章探討的，有些支持川普的人是「嘗試支持者」，他們覺得遭到民主黨人背叛，以及被自由主義者恥笑。他們願意把賭注押在承諾會恢復工作機會的人，或至少對他們的困境予以口頭上的支持，讓他們感到榮幸的人。但是，除了川普擁有獨特能力，利用階級間的輕蔑現象之外，還有許多川普支持者和保守主義者普遍堅守的潛在信念結構。我將在本章探討這些信念結構、信念形成的過程，以及信念難以改變的原因。

對於將近六千三百萬名美國人投給川普，我們沒有一個能一體適用的解釋能說明，其中大多數人的看法通常比自由主義者更微妙和矛盾。二〇一八年，一群研究政治極化的社會科學家對不同政治黨派的美國人進行深入訪談。出乎社會科學家的意料，大部分的人持有的觀點遠比偏袒某黨派的媒體漫畫「誤導」他們相信的觀點更複雜。即使與觀點截然不同的人交談，他們也吃驚地發現彼此經常找到共同點。我在高尚天使組織的紅州與藍州研討會上，也察覺到同樣的情況；期間，保守主義者對貧富差距、法人權限、槍械管制、不受限制的利潤最大化等議題深表關切。

有關川普對移民的觀點，你猜猜看是誰說以下的話？

> 川普把移民通稱為罪犯，還說他們不會遷移到這裡。似乎一直有這樣的群體刻板印象。但那些有需要遷移過來的人呢？例如來到這裡後，願意申請避難的父親、母親及孩子，他們來到這個國家是為了不再受到罪犯的壓迫……川普是出於恐懼的心理才說移民是罪犯，實在太自私了。他的想法是：「他們進來後，我會失去一些東西。」

南西．裴洛西說的？柯瑞．布克（Corey Booker）說的？都不是。答案是艾蒙．邦迪（Ammon Bundy）。他是二〇一六年占領馬盧爾國家野生動物保護區（Malheur National Wildlife Refuge）的摩門教武裝民兵領袖。後來，他斷絕了與民兵運動的關係，警告說川普支持者認同的民族主義很像納粹德國。不管是哪個黨派，都在試著控制民眾。

政治信念源自於我們如何看待世界，以及我們在世界中扮演的角色。到了成年階段，所有人都生活在社會學家霍奇查爾德所說的「深層故事」——能幫助我們理解複雜的世界；故事深深銘刻在情緒記憶中，在主觀上很真實。

構成深層故事的要素是生物學和教養。有些證據指出，多達四〇%的政治觀點是遺傳而來，其餘六〇%則是受到後天環境的影響，即父母的養育方式。我們終其一生，經過一點一滴的經驗累積，接收愈來愈多外界的資訊和迷因，最後總會相信某些事。

父母的教養與懲戒方式深深影響了我們的心理、是非觀念、對自己和其他人的期望以及對權威的態度。每五個人當中，有四個人的投票立場與父母相同。預測一個人的政治意識形態，最準的指標就是他父母的觀點。假如你的世界觀與父母或兄弟姐妹迥然不同，那麼你是例外。

父母期望你有什麼樣的表現？你違反父母定下的規則時，他們怎麼回應你？他們採取的方式是不是「賄賂」、面壁思過、打屁股、冷戰、言語羞辱、訓斥、大吼大叫、粗暴的體罰或勸導？他們要求你服從，或者你們可以協商制定家規？他們贊同你獨立自主的能力嗎？還是羞辱你的依賴性，或獎勵你早熟，藉此反覆灌輸你獨立自主的觀念呢？他們是否限制了你可以在家中表達的情感？他們對你的要求標準，比對自己更高或更低？他們會專心聽你說話嗎？他們曾經道歉或認錯嗎？他們有虐待傾向，還是純粹疏忽了你的感受？他們說自己做的事是「為了你好」時，你相信嗎？你是否把他們理想化了？

你對上述問題的回答，可以適當地預測你如何回應以下問題：你覺得大部分的人是值得信賴的好人，還是不可靠的壞人？你認為人生是一場零和賽局，最強大或最聰明的人主宰其他人是理所當然的事，還是你認為命運互有關聯，所有人的價值皆平等？你認為掌權者追求私利很合理，還是你認為掌權目的是為了幫助大家變得更好？你服從權威，還是質疑權威？你把權威人士理想化了，還是把他們當成略有不同、不完美的人？你比較想報復做壞事的人，還是幫助受害者找回完整的自我，並避免受到進一步傷害？你認為做壞事的人是本性使然，狗改不了吃屎，還是你認為環境導致他們做出錯誤的選擇，而且他們能夠改過自新？你陷入貧困時，你會坦然尋求幫助，還是覺得有求於人很丟臉？你的道德觀是由內心判斷的是非引導，還是由外界懲罰或獎勵的可能性引導？

童年經歷及與生俱來的傾向，彷彿為我們的意識形態設定值提供用於校準的素材。基因組成使我們容易產生某些心理特徵，以及形成某些生理特徵，而這些特徵又與政治傾向密切相關。一旦政治傾向確立，便難以改變。

三位政治生理學家寫了一本關於生物政治學的書，指出習性大相逕庭的兩個人基本上不會有「英雄所見略同」的情形——舉凡理解力、恐懼、愛好、覺察力、記憶力、體驗、欲望或想法。在這些傾向中，最顯著的是恐懼和憎惡。

恐懼和憎惡

保守主義者往往比自由主義者更容易擔憂，因此大腦中的杏仁核更大、也更活躍。一個人在四歲時愈容易害怕，二十年後就愈保守。

神經科學家丹妮拉・席勒（Daniela Schiller）解釋說，人類的大腦注意到可怕的事件或被告知要提防特定的人事物時，就會將恐懼編碼。關鍵在於重複。如果你一遍又一遍觀看世界貿易中心崩塌的影片，或者你每天收聽的節目不斷以誇大、不準確或情緒激動的報導刺激你，宣稱有哪些壞蛋可能會找你麻煩，那麼你就會漸漸對這些「壞蛋」產生恐懼和偏見的心理。福斯新聞很了解這點；這就是為什麼他們每隔幾分鐘就製造恐慌，提醒大眾生命的有限以及白人支配權的漏洞，驅使大眾抵抗這類生存威脅。

在九一一襲擊事件發生的幾個月後，一項現場實驗說明了經歷這類重大創傷後，國民的心理受到多大的傷害：隨機受訪的美國人被問到，一般美國人在未來一年內遭到恐怖分子襲擊的受傷機率有多大。平均答覆率是四十八％。你先思考一下，再往下讀。他們預測一億三千八百萬名美國人將受到恐怖分子攻擊——這是將近一半的人口耶。

九一一襲擊事件結束後，甚至有許多自由主義者贊同這樣的概念：為了使我們更安全，有必要入侵伊拉克，並限制他們的公民自由。參議院贊成《愛國者法案》（Patriot Act）[1]的投票結果是九十八比一。事後的數萬億美元、數十萬人的性命，以及公民自由嚴重受限，顯然由恐懼引導政策是悲慘的災難。

記者薩沙．阿布拉姆斯基（Sasha Abramsky）在《草木皆兵》（*Jumping at Shadows*）中探討籠罩美國的恐懼氛圍，清楚地解釋了我認為許多川普支持者的信念結構動力來源。我們

---

1 小布希於二〇〇一年簽署頒布的國會法案，即透過適當手段來阻止或避免恐怖主義的法律。

的文化充斥著散播恐懼的內容，卻很少涉及我們真正應該擔心的事。聳人聽聞的犯罪和恐怖主義報導很吸引人，但關於更多人因空氣污染、車禍、職業災害、糖尿病、處方藥及自殺而身亡的敘述卻沒那麼引人入勝。人們準確校準風險的能力，以及支持與風險程度相符的合理政策措施的能力，都受到了大腦恐懼中心的過度活躍反應所影響。

慢性焦慮會衍生一大堆精神病和身體疾病。俗話說得好，許多美國人都有恐懼方面的困擾。只有十四％的人（多半是進步主義者）認為世界基本上是安全的，不具威脅性。知道這一點後，我對那些容易驚慌失措的人更有同情心。長期生活在焦慮狀態下，對個人和整個社會都會產生不愉快、不健康的後果。

我在生活中認識了一些心地善良的人，但恐懼和焦慮使他們傾向於掌控解決辦法或囤積財富。有時，我也發現自己的思緒在這方面徘徊：例如近期發生的校園槍擊案，我在想也許兒子的學校應該安裝金屬探測器。你可能也產生過類似的想法。

比起感受恐懼，體驗強烈的厭惡感更能預測保守主義的傾向。根據大腦掃描顯示人的神經網路對反感圖像的反應，科學家可以憑著九十五％的準確率預測受試者屬於自由派還是保守派（趣聞：川普自稱有潔癖，吃牛排會要求全熟）。

憎惡是最能體現本能的情感，而我們對憎惡的敏感度可說是與生俱來的天性。與恐懼相似的是，憎惡的反應會引導保守主義者喪失理智，轉而支持能保護他們不受感知到的污染物影響的政策。如果不這樣做，就需要有超乎常人的反應去克服強大的生理危險訊號及痛苦訊號。

當我們消耗完漢堡專用的小麵包，而我那位對厭惡的敏感度較低的丈夫把漢堡內餡做成圓木的形狀，改用熱狗麵包來包覆（想像一下畫面），我只好強迫自己吃下這個很像長條糞便的食物。我一面不情願地吃，一面告訴他以後不要再這樣做了！以更嚴重的情況為例，二〇一五年，伊波拉（Ebola）病毒感染在非洲爆發時，共和黨人顯然更擔心被傳染，也更支持檢疫隔離和旅遊禁令。

演化生物學家認為，對外國人的恐懼源自於本能，是為了抵禦當地居民無法免疫的病原體。實際上，在傳染病發生率最高的州，反對移民的情緒最強烈。一般而言，對移民抱持謹慎態度的人往往不信任陌生人，也許是因為社交圈子較小可以降低感染風險。儘管現代醫學減少了潔癖的根本原因，前現代神經生物學還沒有跟上腳步。

憎惡的敏感度也能用來預測恐同症。在某項研究中，大學生（包括自由主義者）在實驗室中聞到嘔吐物的氣味後，被問及對同性婚姻的看法時，他們的立場偏向了右派。我猜，憎惡與恐懼的傾向也適用於一些討厭無家可歸者及贊同採取嚴厲政策的人。

我不喜歡恐懼與憎惡傾向導致的後果（對外國人、窮人及同性戀的不信任和敵意），但理解它們在政治傾向中發揮的作用，以及了解到大家不是刻意選擇特定的傾向，能讓我產生同理心。同理心使我能夠更了解保守主義者的觀點，同時我也可以繼續反對和抵制任何我認為有害的事物。

威權主義

右派威權主義的中心思想是：人們服從一位採取必要措施來維持秩序的強勢領導人時，安全與穩定性才能維持最佳狀態。若說到威權主義的世界觀，等級制度是自然秩序；屬下威脅要擾亂秩序或違反由權威人士確立的道德準則時，掌權者（造物主、父母、老闆、白人、男性）有懲罰屬下的權利與責任。

如果父母的作風很專制，孩子很早就知道要先滿足權威人士的需求。假使孩子不服從，就是個壞孩子，隨後的懲罰、失敗或不快樂都只能歸咎於他們自己。父母、老師、老闆、宗教領袖及政治領袖都能憑著地位而「永無過失」。組織不承認有不公正的實情，因為這牽涉到權威人士。個人失敗時，要麼是他自己的錯，要麼是權威人士指責的「其他遭鄙視者」的過錯。

秩序是重中之重。儘管獨裁的領導人可以違反規則與規範，也可以暫時製造混亂，但只要在最後階段恢復秩序即可。就拿川普的支持者為了嚴厲鎮壓入境移民、甚或年幼兒童的理由來說吧。他們多半不是喜歡看到其他家庭被拆散的施虐狂。我聽到他們的說法是：非法跨越國界是一種對治安的侵犯，令人難以接受。在「讓美國重新聯繫起來」（Make America Relate Again）的播客中，一名受訪者提到邊境分離很可悲，但只要是在法律規定的範圍內（實則不然），她就可以接受。另一個受訪者說：

> 我在法治的核心理念和心聲之間不斷掙扎。我的心聲是：「我們應該要幫助人，不該在他們經歷了可怕的境況後，把他們擋在門外。」這就是倫理困境，因為我的心聲和信念體系都是贊同照顧人，但另一面的我又暗忖：「但有法律呀，必須遵守法律，否則

就會喪失有序的社會。」

也有一些墨西哥裔美國公民反對為非法跨境者提供入籍途徑。或許他們不是種族主義者，只是很重視秩序吧。

我相信對嚴謹法律與秩序的需求，源自於人在生物學方面的恐懼敏感度，以及從小時候開始，行為就受到外界的嚴格控制。如果脅迫及懲罰的威脅性能使這些人守規矩，那麼他們可能會認為在沒有外部控管的情況下，人們會變得瘋狂。他們不相信人類在本質上是正直的。也許他們本身是正直的人，但在沒有權威管制的情況下，他們對於人的行為有一些疑慮。

人感到害怕時，威權主義的共鳴心理就會增強。這就是為什麼右派宣傳者經常製造恐慌。具體來說，他們激起了最困擾獨裁者的恐懼感，也就是威脅到社會秩序的要素——即將到來的少數族群、穆斯林恐怖主義、非法移民、女權主義。主要傳達的訊息就是，如果大家團結一致支持專橫的領導人，一切都會好轉。套用某位共和黨戰略家的話來說，就是：「這種利用恐懼的做法是標準策略」。

整體而言，川普的支持者比一般民眾更支持威權主義。川普的選民多半認為社會已經變得太過軟弱和女性化，而且國家偏離了正軌，需要一位能夠打破常規的領導人來撥亂反正。勉強過半的人數支持政府多加關注有色人種的問題；有一半的人認同穆斯林禁令的概念。還有一半以上的人認為川普有能力推翻司法判決，並支持川普的主張：延後二〇二〇年的大選。

部落制度

在多元文化的社會中，右派威權主義有很明顯的黨派成分。強勢的領袖象徵一個有排他性的部落，反對其他部落的無效主張。部落中的成員須保持忠誠，尤其是部落受到攻擊的時候。

部落制度可以發揮強大的力量，因為能滿足人類的一些基本需求。心理學家亞伯拉罕・馬斯洛（Abraham Maslow）的著名「需求層次理論」金字塔將生理需求列為最重要，例如食物、住所；其次是安全需求；接著分別是歸屬感與親密感需求、尊嚴需求、自我實現需求。成為部落的一分子可以潛在滿足這些需求，也可以積極又健康地看待祖國，或以家鄉為傲。然而，也有危險的一面，比如球迷毆打對手，或白人至上主義者揮舞著火炬的時候。

從演化的角度來看，人類天生喜歡把人歸類，並偏好「圈內人」。也許這能說明為什麼大多數國家（包括美國）的人民都太過高估移民人口的比例——他們對於發現的差異有警覺心。

部落制度的形式包括：你與同種族、同宗教或同性別的人有親近感，或在母校、運動團隊中覺得有親切感。部落對政黨的忠誠度可以非常強烈，尤其是與崇高地位密切相關的時候。一個世紀以來，南方白人一直保持著對民主黨的部落式忠誠；他們投票支持同為南方人的林登．詹森（Lyndon Johnson）和吉米．卡特（Jimmy Carter），即便這兩位候選人支持民權。事實上，人看到所屬政黨的候選人圖像時，大腦中與情感認同有關的區域會活躍起來——「好耶，那是我的隊長。感覺真不錯！」因此，九十二%的已登記共和黨人投給川普不足為奇。

部落的黨派偏見很強烈，以至於黨員經常忽視黨派領導人的道德過失，但踰矩者是屬於另一個黨派時，這些黨員則加倍譴責。我突然想起福音派教徒投票支持連環通姦犯的事，但無庸置疑的是，民主黨人也有雙重標準。

即使牽涉到微不足道的差別，人通常不理性地偏好與自己相似的人。在某項實驗中，孩子連續三週穿著紅色或藍色的T恤去上學。雖然老師沒有針對T恤發表意見，但有人問孩子時，他們表示跟自己穿同色T恤的同學更聰明、更優秀。此外，在一項相關實驗中，如果參加夏令營的孩子本身患有社交焦慮症，他們面對穿著與自己不同色的T恤、但也在社交中經歷過被排擠的孩子時，不太能夠產生同情心。他們把自己及所屬部落的成員看作受害者，卻無法理解或關心部落以外其他人的痛苦。

若說到更令人震驚的不合理部落行為，包括測試對象一個接著一個被帶到實驗室後，他們得知自己被隨機分配到不同小組。然後，他們被要求分配獎勵給小組內的成員及「其他」小組的成員。在一號門後面，兩組的所有成員都能獲得最大獎賞。在二號門後面，所屬小組得到的獎賞比一號門少，而另一組得到的獎賞更少。要是他們不選二號門就糟了。他們對假想團體的部落式忠誠度很強烈，因此他們願意做出一點犧牲，只為了勝過另一個團體！他們想成為川普經常提到的「贏家」。

比起自由主義者，保守主義者往往更傾向於部落文化。我相信這源自於他們對忠誠和安全的高度重視。他們也富有同情心，只不過他們的同情心通常觸及較小的圈子。

對極右派的保守主義者而言，他們的關懷倫理往往僅次於忠誠度和權威。他們的消息來源更具黨派色彩，也更容易相信圈內成員提供的情報，不信任來自敵對黨派或無黨派人士的情報。過去三十年來，共和黨的領導階層已偏向極右派，並詆毀自由主義者和民主黨人，為了加強黨派的忠誠度而排擠對手。老百姓也跟著他們轉向右派。他們認為（或被告知）對整個黨派有好處的事，也對自己有利，但事實往往不是如此。

當人的部落文化本能沉浸在種族主義思想及假消息時，白人民族主義就會興盛起來。在民族主義白人的部落中，成員不會因為「政治立場不正確」、愚蠢或思想偏狹而受到斥責；沒有人會質疑美國的例外論；沒有人會談論美國的種族滅絕史。這是一個安全的空間，讓他們可以撫平創傷、增強自尊，並被接納為部落中的一員。如果部落遭到攻擊，團體的凝聚力能讓成員有安全感。部落可以團結起來抵禦威脅，也可以共同報復、等待復仇的機會。成員能享有安全感與穩定感。感覺真棒。

有些支持川普的選民將自己視為民族主義白人部落的成員。根據二〇一六年的社會概況調查（General Social Survey）資料，共和黨白人的觀點通常比民主黨白人更帶有種族歧視的色彩。然而，儘管察覺到川普的種族主義號召力很重要，但同樣重要的是，我們不該假定川普的所有支持者都比一般美國白人更相信種族主義。有一半的川普支持者贊同這句對多元文化主義的認可：「接納多元的文化和生活方式後，我們的國家與日俱進。」

從表面上看，川普支持者的白人民族主義部落文化是有害的妄想。但在部落內部，人的基本需求能得到滿足。部落遭到誹謗後，只會變得更加強大。自衛是部落受到攻擊時的做法，也是部落存在的基本功用。我相信這就是為什麼卡瓦諾在參議院司法委員會上，回應性侵的指控時有盲目偏袒黨派的表現。他那時忙著召集部隊、調動支持者，使效忠的人團結起來。凱瑞斯汀·布萊西·福特（Christine Blasey Ford）的證詞如此可信，甚至連川普都坦白說：「非常有說服力。」當時，有一些共和黨人看似要「脫隊」，而卡瓦諾提醒了他們有部落文化的義務。

醜聞爆發時，共和黨選民對卡瓦諾的支持率為七十四％；最後飆升至八十九％。參議員麥康諾在共和黨人中的支持率，也因其過度偏袒黨派的表現而大幅上升。

川普在共和黨人中的支持率為八十七％，說服了當中大多數人拋開古板的看法：不相信那些在私生活中做出不道德行為的候選人，會在執政時依道德準則行事。有些支持川普的選民向《紐約時報》透露，儘管他們知道川普不是仁慈的人，但媒體對川普的攻擊讓他們想保護他。這就是為什麼攻擊和貶低政治對手會適得其反——這種做法會讓對方的圈子採取防衛措施，他們會尋求領袖的保護及部落的肯定。

深層故事

我們還年輕時，多半有強烈、死板的道德價值觀，也在圈子內有從屬關係。我們了解自己的角色、團隊成員有哪些人、什麼事對我們而言很重要，以及是非對錯的標準。我們相信人性及更崇高的力量。我們也內化了倫理等級制度，決定如何按優先順序考慮減少危害、公正、忠誠、權威以及自由。我們堅信每個人都要對自己的命運負起責任。這一切交織在一起，構成了主觀的深層故事，而我們在故事中生活、放手去愛及投票。

沒有一個深層故事能激勵川普的所有支持者，但有一則深層故事似乎能引起許多支持者的共鳴。霍奇查爾德在《本土的局外人》（*Strangers in Their Own Land*）中描述了一則關於白人不滿、喪失榮譽及自尊心受損的深層故事，這對她遇到的大多數路州茶黨共和黨人而言很接近事實，而我也從中了解到國家其他地區的川普支持者所闡述的故事。

在這則故事中，勞工階級與中產階級白人認為自己一生都在耐心地排隊等候、努力工作、按規矩行事，只為了等待輪到自己實現成功與可靠的美國夢那天。然而，這條隊伍似乎停滯不前了。他們被困在中間，而窮人及大多數非白種人排在他們後面。他們發現其他人插隊，例如有色人種、移民、公務員，也發現自由主義者透過平權法案[2]和納稅人資助的專案，護送這些人到隊伍的最前方。當他們反對時，自由主義者就譴責他們對插隊者不夠有同理心。更糟糕的是，這些自由主義者鄙視他們重視的愛國主義、基督教道德觀等信念，還稱他們是數著日子等死的鄉巴佬。因此，這些人在本土感到格格不入。還有一群人有同樣的感受——他們戴著標示「MAGA」的帽子。

這則深層故事感覺很真實，包含了工資停滯、預期壽命縮短、社會契約失效等客觀事實的成分，參雜著自尊心受損之類的真實情感。這與為何白人排在隊伍中間，而非白種人排在隊伍後方的刻板印象與無知相結合。

2　亦稱「肯定性行動」，指防止歧視膚色、種族、宗教、性別等少數群體的手段，以達到各族群享有平等的權利。

對自由主義者和有色人種而言，聽到主要以白人至上主義為前提的深層故事時，最起碼能引起情緒波動。我開始讀《本土的局外人》時，挫折和判斷力使我的體恤能力失靈。光看書名就讓我怒火中燒了。霍奇查爾德是指誰的本土？我無法攀越她提到的「同理心之牆」，而這道牆阻止了部落理解另一個部落。

最後，我漸漸對書中主要人物想說的話產生好奇心，並仔細思考一些與我不同的成長經歷。除了白人至上主義，我對深層故事核心的顯著悖論感到好奇——他們堅信自由放任、適者生存的資本主義制度（依我之見）使路州成為全國最貧窮、污染最嚴重、癌症最猖獗的州之一。我很納悶，牟取暴利者（可追溯到奴隸制）剝削他們並玷汙他們的住所時，為什麼他們要順從地排隊？

霍奇查爾德指出，他們的服從態度可能源自於歷史悠久、專斷的白人殖民文化。在這種文化中，一貧如洗的白人很感激統治階級資助人讓他們在租用的土地上耕種。種植園經營者鼓勵沒有土地的白人加入「種植園主階級」——畢竟他們是白人，而且他們的白人身分讓白手起家的夢想有機會實現。與傳統奴隸制相比，從受到契約束縛的奴隸身分獲得自由，是殖民時期美國白人的基本特權。

種植園主階級的專制陰影持續困擾著當代的南方白人，甚至是其他地區的保守主義者。他們覺得毫無怨言地忍受污染並勇敢承受風險是值得自豪的事；如果不這樣做，他們認為創新的思想和生產力都會停頓下來。其中某些人確信資本主義能使自由與繁榮最大化，他們也願意為了解脫束縛而做出犧牲（例如健康）。他們擔心政府的援助會逐漸破壞社區關係、助長怠惰風氣、削弱個人責任，並為辛勤工作的納稅人帶來不公平的負擔。他們也擔心太多坐享其成的人會損害經濟。我認同他們的世界觀在某些方面有一定的榮譽感，卻不能忽視他們自我陶醉的不滿敘述是如何深植於白人至上主義的毒土，並受到右派民粹主義的特殊無階級形式所滋養——有時貶低金融權力中心，但不曾對抗。

犯錯

以上概述的深層故事，跟一般深層故事一樣包含了因認知錯誤而產生的原則和謬誤。認知錯誤是自以為正確的錯誤推理，只因為符合主觀的深層故事。認知錯誤也可能是隨機、與意識形態無關的自發性心理障礙。

認知錯誤是無意間產生的，與理解力無關。在許多情況下，認知錯誤是我們的直覺出錯。雖然直覺經常在日常生活中能發揮良好的作用，但在需要深思熟慮和仔細推敲的複雜情況下，只依靠直覺可能會導致錯誤的結論。

我們都會犯認知錯誤，但這取決於我們對媒體的選擇及深層故事。我們傾向於犯某些類型的錯誤。據我所知，還沒有任何研究表明保守主義者在整體認知上比自由主義者犯更多錯誤，反之亦然。認知錯誤有幾十種。我將在下文探討其中幾種。雖然學習如何發現認知錯誤有助益，但我不會到處指責犯錯的人。一個人的認知錯誤是另一個人的常識，而貶低一個人的理性則是傲慢和不公正的行為，畢竟只要不是史巴克（Spock）[3]就有犯錯的可能性。

逆風與順風的不對稱。人類的大腦猶如緊黏著負面經歷的魔鬼氈。從演化的角度來看，如果你記住哪種植物讓你想吐，這是很合理的事。但在現代社會，人們更容易在接觸到生活中的打擊後，忘了好運或其他人的幫助使他們受益的過程。他們可能因此對納稅感到不滿，卻忽略了自己如何從政府的服務中獲益。於是，他們不認同自己可以享有的任何特權形式。這種認知錯誤為白人男性對政治的不滿奠定了基礎，也使富人忽視了上流社會教養的好處。

相關性與因果關係的不同。假如在我居住的城市中，拉丁美洲學生比二十年前多了二

○%，而且這段期間的犯罪率上升了二○%，這代表拉丁美洲學生有問題，對吧？當然不是，只不過很多人都分不清相關性與因果關係之間的區別，甚至連明白這道理的人有時也很容易忽略其中的差異。

低估未來的價值／當下的偏好。儘管我們坐下來試著冥想時，不一定看起來聚精會神，但我們專注於當下：我們想要身體健康、安全感及物質享受，而且我們希望即刻實現這些願望。與想像中的遙遠未來相比，現在發生的事在內心深處是實在的。當下的偏好導致人們沒有為退休存夠錢，忽略了營養均衡和運動，也體現於考慮或不考慮燃燒化石燃料的長期影響。

從眾偏見。還記得十四歲的時候嗎？你記得的話，我就不必詳加說明了。不過，我想提一項令人瞠目結舌的實驗。該實驗顯示，從眾偏見對成年人也有強烈的影響力：受試者檢視一些3D物體的圖畫後，要辨別這些物體是否相同。即使正確答案不言而喻，室內的演員刻意說出錯誤的答案後，其他受試者說出錯誤答案的機率為四十一%。一旦人無視於團體的

3　《星際爭霸戰》（Star Trek）中的唯一外星人。

意見，而說出正確的答案時，大腦掃描會顯示杏仁核很活躍。即使是在沒有利害關係的情況下，眼前的團體是以後再也不會見到的人，特立獨行依然是許多人避之唯恐不及的事。

從眾偏見的一大有趣表現是，有些人會為了融入團體而刻意說一些連自己都不信的偏頗之論。反之，有時人們會為了融入團體而不表達內心的成見。許多研究員認為，與其說一般人對「其他」群體的態度與他們跟群體成員的互動經驗有關，不如說是與所屬社會群體成員的普遍態度有關。群體的規範改變時，個人的行為和信念也會跟著改變。在某項實驗中，研究員只是騙受試者說他們的刻板印象想法比同輩少或多，就能增加或減少他們對非洲裔美國人的刻板印象！

我認為從眾偏見也在氣候否定論發揮作用。氣候異常相關的證據如此有力，否認氣候異常就相當於否認地球是圓的。然而，如果你的部落首領堅決認為這是一場騙局，那麼你需要一點勇氣和自信去反駁。政治派別有力地預測氣候否定論，而且與普遍看法相反的是，氣候否定論與科學知識無關。

進步主義激進分子比其他美國人（包括非常保守的美國人）更容易受到從眾偏見的影響。其中有四十二％的人透露，當其他進步主義者以特定的方式思考和說話時，他們會感到有壓力。我意識到這點後，開始注意到自己是多麼常在沒有全面嚴謹地思考的情況下，就接受了進步主義的共識。

歸因謬誤是指在評估一個人的行為或成功因素時，傾向於過度強調個人特徵而忽視情境因素。其思維是：我做錯事時，我是逼不得已的，但如果別人做了同樣的事，則是因為他們心腸惡毒（或因為低等種族／宗教／性別）。如果我破產了，那是因為情勢超出我的控制範圍，但如果別人很窮，則是因為他們做出錯誤的選擇。我相信歸因謬誤在保守派強調個人責任方面及質疑社會福利項目方面發揮了作用。

歸因謬誤經常出現在刻板印象的案例中，例如：白人接受救濟是因為運氣不好，但接受救濟的黑人一定是個懶人。福斯新聞的塔克．卡森（Tucker Carlson）在市場資本主義受到猛烈抨擊期間，坦承自己犯了歸因謬誤。多年來，卡森將黑人的貧困生活歸咎於所謂的黑人「貧窮文化」。但他發現貧窮重挫了白人的家庭和社區後，他意識到經濟體系有問題。（真希望他的頓悟能保持下去。）

作家大衛．坎普特（David Campt）是「白人盟友工具包」（White Ally Toolkit）的創造者。他指出經歷過無數次歧視事件的有色人種，誤以為自己受到不公正的對待是因為種族的類別時，也會出現歸因謬誤。有些人諷刺地說這是「打種族主義牌」，忽視了導致錯誤的普遍種族主義文化的背景。

把冒犯性的看法歸結為川普支持者的惡劣性格是一種歸因謬誤，無視於所有塑造和影響信念結構的經驗、情報來源、情感需求及認知錯誤。如果兩個人有相同的基因、父母、老師、宗教、經歷及消息來源，那麼他們的恐懼、期望及夢想很可能十分相似。

確認偏誤。人類會尋找能證實自我信念的跡象，往往忽略或不重視無法證明信念的跡象。有無數實驗能證明這一點。最近，神經科學家發現留意或分享能證實信念的資訊後，會產生非常愉悅的多巴胺。也許臉書在設計「讚」與「分享」的功能時就察覺到了這點。反之亦然，我們遇到與信念產生矛盾的跡象時，會經歷認知失調，感覺很糟糕，尤其是矛盾的資訊伴隨著輕蔑的心態時。

有一項著名的實驗涉及兩組史丹佛大學的學生：一組贊成死刑，另一組反對死刑。學生須讀兩份偽造的研究報告：一份說明死刑有威懾作用，而另一份說明死刑沒有威懾作用。他們讀完同樣的內容後，原本贊成死刑的學生更堅決支持死刑，而原本反對死刑的學生更極力反對死刑。大多數人面臨挑戰本身世界觀的看法時，都會覺得不自在和難以忍受，且對這種新資訊的反應通常是否定、忽視或拋諸腦後。

川普的支持者開始萌生疑慮時，確認偏誤可能會變得強烈。假如他們一開始支持川普時，不料發現川普犯下大錯，讓擺出一副「我早就跟你們說過會這樣」架勢的自由主義者沾沾自喜，那麼他們可能會感到羞愧。為了面子，他們對川普的瀆職證據不屑一顧，並視為有偏見的自由派誹謗而一味地反駁。誠如馬克・吐溫（Mark Twain）所言：「騙人，比讓人相信自己受騙更容易。」說得更直白些，如川普的支持者說過：「你們要給我們認錯的機會，而不是直接說我們是壞人。」

自由主義者也有確認偏誤。許多自由主義者對歐巴馬寄予厚望；儘管歐巴馬曾有戰爭、驅逐出境、在白宮雇用企業菁英、保護華爾街高階主管免於不端行為的傷害等紀錄，他們依然保持不加以批判的忠誠度。他們就是聽不進批評的聲音。同時，誹謗歐巴馬的人經常忘了國會對他的阻撓有多麼激烈。

公正世界偏誤。如果你非常重視自由、等級制度及競爭，再加上有確認偏誤或歸因謬誤，你不認可種族、階級及性別賦予的優勢，那麼你很容易相信現狀盡善盡美，而其他提出更多平等權的舉動都不是好主意。有九十二%的極右派保守主義者認為，無論家庭背景如何，所有努力工作的人都能當上人生勝利組。極端保守的評論家班・夏皮羅（Ben Shapiro）說過：「如果你在自由的國度失敗了，八成是你自己的問題。」

許多低收入的美國人誤以為自己的收入高於收入中位數（反之，高收入族群認為自己的收入低於實際生活水準）。比方說，有十九％的人表示自己有時候會挨餓，但他們認為自己的薪資水準位於中上！也許，你認為解決辦法是讓他們明白自己比想像中更窮，但你要先了解這一點：當被問及最富有的一％人口應該擁有總財富的百分之幾時，普遍的答案（所有美國人，不限於保守主義者）是二十七％。由此可見，許多人認為收入不均等是可取或有益的現象。唉。

可得性偏誤。一對父子發生車禍後，被緊急送往醫院。急診室的外科醫生看著男孩，喊道：「天哪，是我的兒子！」怎麼會這樣呢？如果你跟我一樣，花了超過半秒的時間解開這道謎題，這代表你受到可得性偏誤的困擾。你遇過的外科醫生以男性居多，而且你後來才意識到謎題中的外科醫生就是男孩的母親。我是女權主義者，遇過兩位女性外科醫生，但我仍然敵不過可得性偏誤。

比起開車，可得性偏誤使一般人更害怕搭飛機，原因是儘管搭飛機比較安全，但飛機失事的可怕畫面在我們的腦海中揮之不去。這種偏誤也使一般人以為犯罪率持續上升，即便事實並非如此，原因是我們總能想起近期發生的當地犯罪事件。此外，這種偏誤讓一般人容易相信或強化原本的看法：回教徒犯下更多恐怖主義行為，或黑人犯下更多暴力罪行。只要電視螢幕上出現飛機撞上世界貿易中心的畫面，或出現黑人嫌犯的臉部照片，可得性偏誤就會導致刻板印象的形成或永久保留。

損失規避。想像一下，你得到一千美元後，可以選擇一定會多得到五百美元，或有五〇%的機率多得到一千美元。大多數人都會選擇一定能到手的五百美元。換個例子，假設你得到二千美元後，可以選擇有五〇%的機率損失一千美元，或一定會損失五百美元。大多數人都會選擇冒險。在這兩種情況中，選擇在於確定得到一千五百美元，或為了變得更富有而冒險，卻也可能損失五百美元。（如果你需要思考一會兒才能理解，你並不孤單。）一般人願意在第二種情況下承擔風險，但不願意在第一種情況下冒險，原因是前者的五百美元被定義為損失，而非收益。

事實證明，右派的威權主義者比自由主義者更容易受到損失的恐懼感影響。這說明了為什麼害怕陷入貧困的中產階級，願意在川普的貿易戰及他對荒誕的醫療保健窘境許下含糊的承諾方面賭上一把。他們認為有可能發生白人種族的主導地位喪失和經濟衰退，也很排斥這種損失前景，同時渴望讓美國再度壯大。

直覺主義。芝加哥大學的政治學家艾瑞克・奧利弗（Eric Oliver）將人分為直覺主義者和理性主義者。小測試：如果你可以選擇把從地上撿起的一枚五美分硬幣放進嘴裡，或穿上查爾斯・曼森（Charles Manson）穿過但已經洗過的睡衣，你會選哪個？如果你選後者，你很可能是理性主義者。

直覺主義者憑著感覺行事。假如某件事看起來很危險或令人反感，無論數據顯示什麼，他們都會避開。他們容易擔憂和迷信，並狂熱地支持川普——這位極端直覺主義者曾說自己的直覺向來準確。有直覺主義傾向的人最有可能相信陰謀論：涉及掌控事件的潛藏力量。

輕信。發展心理學家史蒂芬・格林斯潘（Stephen Greenspan）在研究輕信方面是權威專家。他將輕信定義為一種在面對警告訊號時反覆上當的模式。有幾種性格特徵使人容易受騙，包括隨和、對催眠暗示很敏感、高度信任以及多疑——矛盾的是，他們相信謊言時，就會把自己當成受到迫害的受害者，而謊言與他們的扭曲觀念相一致。

容易受騙並不是智力或教育水準的問題。教育程度較高的共和黨人更容易相信歐巴馬是回教徒，以及氣候變遷是一場騙局。更確切地說，格林斯潘指出輕信是認知惰性的結果，理性在這種情況下有差錯，而「寧可信其有」的情感欲望最重要。

某些情況會使人容易產生意識形態上的反對：我們更容易相信與恐怖主義或犯罪等風險有關的謊言。保守主義者更是如此。一般人也很容易相信權威人士；同理，這一點在保守主義者身上比自由主義者更顯著。

自由主義者並非不會上當。格林斯潘認為他們高估自己的智力，因此他們對自己發現受騙的能力太過有自信，而且理想主義使他們很容易相信惡徒的意圖。

自由主義者很喜歡嘲笑川普支持者容易被騙。在信任川普的支持者當中，我認為有一部分的人確實容易輕信，但並非所有人都如此。

假消息

右派的媒體帝國規模龐大，與部落制度、威權主義、恐懼及認知錯誤關係密切。如果你從小看福斯新聞，甚或主流的嗜血電視新聞，那麼你認為自己處於被謀殺的危險之中，便是情有可原。同理，氣候異常、核浩劫的存在威脅很少受到媒體關注，因此你不了解這些議題也說得過去。

令人沮喪的是，當恐懼、厭惡感、無知、認知錯誤及輕信結合起來，使人容易相信虛構的消息。然而，許多人都是專業假消息手法的受害者。這種手法通常滲透到傳統媒體、社群媒體、競選演說及廣告。我們可以假定操縱者是更精明的情報消費者，或對認知錯誤具有超乎常人的免疫力，但以憤怒或傲慢的態度對待他們毫無助益。我們也不應該假設別人關注的媒體內容全都是「重口味」。據我所知，除了右派媒體外，許多保守主義者也會關注《紐約時報》、CNN等中立派媒體。

我們多多少少都算是行銷機構、藝人、政治家、司編家[4]及媒體施加文化條件下的產物；他們經常扭曲事實或掩蓋真相，有時還會撒謊。我們不斷被迫應付商業廣告、政治宣傳，這些訊息巧妙地侵入我們的潛意識，例如小布希的政治廣告抨擊艾爾·高爾的處方藥計畫時，據說廣告中出現了「老鼠」的字眼。

我們都沉浸在以滿足私欲為中心的企業思維中，並否定在追求滿足感的過程中存在的任何生態限制。最糟糕的右派宣傳活動部分在於，惡意欺騙、煽動、操縱及迷惑消費者，使消費者脫離現實，以贏得他們對有名無實的領導人（例如川普）的黨派忠誠度，並極力否認和隱瞞領導人的不當行為。

有三位哈佛大學教授共同研究偏左派、偏右派媒體中的轟動故事發展軌跡與時效性。他們發現，像柯林頓家族的披薩店涉及戀童集團這類毫無根據的故事，源自於資訊戰（InfoWars）這種風評不太好的網站，然後轉移到福斯、布萊巴特（Breitbart）等網站。這些網站都保持著新聞客觀性的假象（《紐約時報》試圖揭露披薩門〔Pizzagate〕的真相，卻只是讓相信披薩門陰謀論的人變得更加狂熱，而且這些人受到了確認偏誤和從眾偏見的影響）。相比之下，旨在誹謗右派人物的假新聞，通常在觸及主流媒體之前就被埋沒了，但確實在民主黨人專用（Occupy Democrats）這種出現於臉書的不可靠網站上受到大量關注。

如果你覺得上述的例子還不夠混亂，請想像羅伯特·默瑟（Robert Mercer）這樣的億萬富翁，以及像俄羅斯這類政府都在努力分析美國選民，並創造出社群媒體機器人，以個人化的假消息騷擾我們，目的是利用我們的弱點。同時，YouTube提供用戶愈來愈多有關陰謀和

4 指政治公關顧問，善於透過公關手段來影響媒體的報導。

極端主義的內容——一會兒是川普的集會影片，過一會兒是否認大屠殺的咆哮影片。我無法確定自己是否也被灌輸並消化了針對進步主義者的誤導性虛假資訊。

如果在這星球上，有人被最富裕、最有權勢的寡頭政治家盯上，我會怎麼妄加評斷他呢？假如我跟別人都在同樣的家庭成長、居住在同一座城市、讀同一所學校、去同一間教堂、收看一樣的電視節目或收聽相同的廣播節目，我的心態會有所不同嗎？

我有可能對右派假消息的傳播者產生同理心嗎？他們活躍在自我陶醉的文化中，崇拜名人和追逐利益。在這種文化中，沒有不容侵犯的事，因此無論有多少財富、權力或名聲都無法填補空虛感。他們在此體系中爭奪崇高的地位，一生致力於不斷塑造自己的形象。我意識到他們如何在貧窮文化中變成受害者，也對他們身為作惡者所造成的傷害感到憤慨。此外，我認為他們可能受到了右派專制社會條件的影響，因此他們真誠地把川普視為仁慈的強人，堅決地掩蓋或辯解川普的缺點和失誤。

有些川普的支持者不僅願意相信宣傳性的新聞報導，也相信離奇的陰謀論，使得自由主義者十分苦惱。我認為陰謀論媒體的興起有社會異化[5]的作用，也是許多美國人理解自己處於困惑的未來衝擊狀態的一種需求。人們脫離社群紐帶時，會變得與現實脫節，彷彿在孤寂的獨立汪洋上漂流，而駭人聽聞的陰謀論和種族恐慌論則是他們唯一漂浮在海上的夥伴。

「讓美國再次偉大」對川普的支持者有何意義？

你不問，就不知道答案（你讀完下一章，就會知道該怎麼做）。也許是白人至上主義者的挑釁，也可能是呼籲把製造業的工作機會帶回祖國、渴望更虔誠的宗教信仰，或表達愛國情操，回想起像第二次世界大戰那樣的時代，當時美國在這些支持者的心目中有明確的正面形象。

法學院教授蔡美兒（Amy Chua）在《政治部落》（*Political Tribes*）中談到，美國作為「超級群體」的敗落跨越了階級與種族淵源的界限。但隨著人們對政府和兩大政黨雙占的信心喪失，再加上他們生活在兩極化的紅州與藍州區域，待在超級部落的歸屬感已有動搖跡

5　在個體間或個體與社群之間，低程度的社會關係和共同價值，以及高程度的距離感和社會疏離感所反映出的狀態。

象。在沒有超級群體的情況下，渴求部落歸屬感的人會求助於意識形態、種族或宗教部落。也許你覺得沒必要歸屬於任何部落，但也要考慮到某些人有這方面的需求。

懷念昔日美好時光的人可能對在一九四〇年代、一九五〇年代受壓迫群體的生活品質一無所知或漠不關心，但這不一定意味著他們希望恢復種族隔離，或關閉同志酒吧。也許他們的過失並不是偏執，而是輕信和無知的浪漫傾向。一名MAGA捍衛者曾說：「抨擊MAGA理念的人說：『哦，你是種族主義者。』這句話沒道理。就好比我不是種族主義者，卻說：『美國在這段期間做了這些事，但我們現在不做了。』這就是他們現在緬懷的東西。」他接著說：「他們說川普是種族主義者，還對我們說：『嘿，偏執狂，加入我們的陣營吧。』根本沒有說服力。」

為什麼有些保守主義者接受差別待遇？

保守主義者對確定性和可預測性有強烈的需求，因此他們傾向於維持現狀。由於社會不平等是美國的現狀，許多人可以接受地位、財富及權力的等級制度，反而抗拒平等原則。這說明了為什麼有些保守派白人女性反對同工同酬，能夠容忍性騷擾——由男性主導是現狀，而試圖改變現狀會帶來引發焦慮的不確定性。奉承男性是女性為了維持社會安定而付出的代價；萬一天塌地陷，女性會很高興有男人保護她們。有些異性戀的白人女性會刻意或不自覺地將父權制合理化，原因是儘管父權制使她們服從男性，但至少她們的地位高於有色人種和酷兒。

如果制度採取公正、評功論賞的方式，那麼破壞制度就是不公正的行為，也有可能搞垮整個體系。一旦資本主義崩潰，以及社會主義者開始寫「我早就跟你說過」含意的文章時，保守主義者也會開始提筆，只不過是以相反的理由來說明問題根源——主要涉及高壓統治、個人道德敗壞、自由派社會工程師[6]。

保守主義者也可能認為政府的援助計畫會助長依賴性，而暫時的痛苦可以激勵人採取行動。他們很重視個人的聰明才智和膽量，並對破壞這些優點的政策抱持謹慎態度。對某些人來說，反對福利計畫的起因是非白種人受益者的種族仇恨，但反對意見並非普遍深植於種族

6 試圖控制或改變社會發展的個人、政府或組織。

敵意。

最後同樣重要的是，保守主義者往往高估世代間社會流動性的可能性。保守派美國人（排除歐洲人）被要求預測一般人從底層攀升到頂層前五分之一的機率時，相對於實際的經驗主義機率，他們十分樂觀。倘若社會流動性觸手可及，照理說制度基本上是公正的，不太需要修改。

話雖如此，不少共和黨選民意識到我國向寡頭政治傾倒。二〇一九年四月，美國廣播公司（ABC）及《華盛頓郵報》的民調顯示，有三分之一的共和黨選民表示經濟體系主要對權勢人物有利。八十一％民主黨人和六十六％無黨派者贊同此觀點。

溫和的保守主義者支持**機會**平等，但反對**結果**平等，因為他們認為後者不公正且干涉太多。對勝利者而言，獵物和失敗者都應該展現出堅忍的特質，不該要求重新分配。即使保守主義者在這主張上處於劣勢，仍然表態支持。他們就是勞工階級與中產階級美國人，而自由主義者傲慢地認為他們是投票違背自身利益的傻瓜。然而，自由主義者忽略了保守主義者關心自由與個人主義方面的精神問題。就像富裕的進步主義者投票違背自己的有限經濟利益，並支持精神上的利益平等，而勞工階級保守派也是如此。

一旦平等主義的轉變達到臨界點卻沒有禍害時，大多數保守主義者就會欣然接受。以同性婚姻為例，二〇〇一年只有十八%保守主義者表態支持，到了二〇一七年則有四十一%支持者。隨著愈來愈多同志結婚，我預料大部分的保守主義者不久就能接納這種關係。

保守派和自由派的價值觀還有哪些不同之處？

簡而言之，保守主義者通常重視秩序、可預測性、穩定性、服從、神聖性、純潔、傳統、家庭、獨立、個人主義、愛國精神、優勢、權力、競爭力、報應、堅忍、生產力、忠誠、嚴加管教、自由以及公平。這些價值觀有沒有矛盾之處？有。

自由主義者通常重視合作、集體主義、多樣性、平等、批判性思維、質疑權威、解決衝突、和平、減少傷害、健康與安全、同情心、自由以及公平。這些價值觀有沒有矛盾之處？基於確認偏誤，我沒有發現哪裡不一致，但我相信保守主義者可以找到矛盾的地方。

保守主義者傾向於遵循傳統，對改革抱持謹慎的態度（也許自由主義者會說他們「害怕」改變）。除非他們了解建造柵欄的理由，不然他們不願意拆除柵欄。

保守主義者對自由的感受，跟自由主義者對平等的感受一樣強烈。他們的自由概念包括思考與發言的內容、不受「政治正確」支配，以及個人和私營企業不受遠端官僚制定的法規影響。但對某些保守主義者而言，與《聖經》約束、貞潔及性別角色有關的其他保守派價值觀相比，性愛自由是次要條件。

保守主義者比較容易相信有上帝，並將宗教視為判斷是非的指引源頭。他們珍視宗教自由，並對任何可能限制宗教自由的事物存有戒心。有些人將這種保護心態延伸到其他信仰，而有些人只專注於基督教的教義。其中某些宗教價值觀（同情心、慈悲）與自由派價值觀相一致，但虔誠的右派將這些價值觀重塑成機能上的對立面，例如崇尚財富的成功信條。許多基督教福音派教徒非常贊同教會規定墮胎、同性戀及進化論的相關信念。有些福音派教徒認為氣候異常是世界末日的預兆，而且所有人都無可奈何。也有些福音派教徒認為環境的管理只能聽天由命。

有些保守主義者仇視政府。隆納・雷根（Ronald Reagan）曾說：「英語中有九個詞組成最可怕的一句話是：『政府派我來幫忙。』」哇靠，他太厲害了吧。雷根施政摧毀了政府提供重要服務的能力時，他的妙語變成了預言。依我看，那些保守主義者對政府的反感有一部分源自於合理地懷疑通用的解決辦法，而這些辦法是由偏遠的機構制定，可能無法反映當地的需求與看法。

我更了解保守主義者的觀點後，可以坦白說：假如我是當選的官員，我會在顧問中選出至少一名保守主義者，做為自由派確認偏誤和從眾偏見的制衡者，也能提醒我注意盲點。了解保守派的獨特道德基礎與深層故事，在展開跨越分歧的對話時有助益。重點在於，要先了解是什麼構成他們的觀點基礎，而不是強迫他們聽自由派的話題。先傾聽，再開口說話。一切從發問開始。

第四章
好奇心：矯正輕蔑的解藥

誰是智者？
就是從所有人身上學到東西的人。

——《塔木德》（*Talmud*）

自由主義者與保守主義者之間的政治對話，通常會在短期內每況愈下。雙方都憑著關於對手心態的選擇性事實與假設進入競技場。不久後，杏仁核（大腦的恐懼中心）會活躍起來，並發出戰鬥或逃跑的指令。此時，雙方都處於防守姿態，要麼尖銳地反駁，要麼退回到生悶氣和憎惡的情緒中。一堵牆豎立起來了，而有效對話的希望破滅了。

尖酸刻薄、冷嘲熱諷背後的優越感，快速推動上述的一連串事件。感到自卑是對幸福的一種威脅，因此杏仁核發出警報：「我們遭到攻擊了。請選擇反擊或逃跑，並跟著部落躲起來——他們會保護你！」我們愈常流露出明顯的高傲心態，公民舞臺上的兩極化現象就愈嚴重。

如我在本書前兩章提到的，自由主義者經常將保守主義者歸類成粗魯的種族主義鄉巴佬的刻板印象，使其產生防禦心理（反之亦然）。即使有人證明自己是種族主義者，我們的回饋方式能反映出根深蒂固與接受度之間的區別。

多元文化教育學者、《白人的弱點》（*White Fragility*）作者羅賓・迪安吉洛（Robin DiAngelo）指出，白人之所以心存戒備，是因為他們把對種族主義的指控解讀成對整體性格的譴責。被稱為種族主義者，就是被指責為不道德的人，因為大多數人對種族主義的看法是：有些壞人是種族主義者，而有些好人不是種族主義者。反之，迪安吉洛指出內化的種族主義是所有美國白人在某種程度上存有的心態，因為此意識形態已融入我們的歷史和文化。

一般人對自己不道德的暗示不以為然，反應是採取防禦姿態，並轉換到戰鬥或逃跑的模式。無論是否屬實，把自己當成受害者的人（例如川普的支持者）特別有可能產生防備心。這就是為什麼競選時，負責挨家挨戶拉票的人都要接受提問和分享故事的訓練，而不是進行道德譴責——對方很可能甩門不理。

每當我想對政治議題發表看法時，無論是與人聊天、寫信給編輯，或在臉書編寫貼文，我都會盡量記得先問自己：目標對象是誰？有沒有其他潛在聽眾？我希望自己的言辭對他們產生什麼影響？停下來思考我的用意，能幫助我控制發牢騷的傾向。如果我只是與丈夫交流，我早就知道他會認同我的觀點，那我可以自由地發洩情緒，但如果傾聽者的看法有可能與我不同，那我會盡量表現得像個專業人士。

經驗教訓

假如嘲弄和羞辱共和黨人有效果，我們就會看到民主黨拉票者挨家挨戶這樣做。但我們看到的是相反的情況。

「美國動起來」的「勞聯—產聯」志願者聯繫支持川普的勞工階級白人選民時，發現他們的投票動機有一部分是為了宣洩壓抑的痛苦和沮喪。如同其他有效的拉票活動，「美國動起來」也培訓拉票員以尊重的態度對待各個階層的選民。「不管跟誰說話，都要顧慮到對方的感受。」美國動起來的區域經理喬許．路易斯（Josh Lewis）說。

該組織的常務董事凱倫．努斯鮑姆（Karen Nussbaum）更坦率地指出這些拉票者極力避免抨擊川普的原因：

如果民主黨人只想不停地大肆攻訐川普，便有助於川普連任……我質疑，許多富裕的自由主義者認為川普連任並不是壞事。對他們來說，取得政治勝利有替代辦法：打造一個可盡情責罵的烏托邦。若你每天都能親自在推特和臉書上重建正當的社會秩序，那誰還需要在大選中獲勝？你可以縱情地一再責罵。這就是他們的未來，一個自滿的未來：不斷指手畫腳地批評可悲者。

「美國動起來」的拉票員會先詢問對方最重視什麼議題以及原因。接著，他們分享該組織對此議題的立場，再問對方是否願意加入組織。

洛杉磯LGBT中心的領導力實驗室（Leadership Lab）將拉票活動提升到另一個層次。他們分享個人故事後，邀請對方也分享關於受虐的故事。對方訴說故事時，他們仔細傾聽並試著找出彼此的共同點。有時，對方講到關於自己或所愛的人的故事時，可能會透露自己在現實生活中的經歷與對某個議題的看法相互牴觸。拉票員可以提出問題，或在最後發表聲明，引起對方注意不相稱的地方。在這過程中，即使對方的言論有公然的冒犯意味，拉票員不妄加評斷，也不說輕蔑的話。

該實驗室的表現令人印象深刻。二〇一四年的競選期間，五十六名拉票員花了十分鐘與五百名邁阿密—戴德郡（Miami-Dade County）居民談論是否支持保護跨性別居民不受歧視的當地法律。史丹佛大學與加州大學柏克萊分校的研究員發現拉票活動後，這些一對一的談話顯然減少了偏見。基本上，這些佛羅里達州人（以下簡稱佛州人）比沒有接觸拉票員的人更支持反歧視法；九個月後，這些人接受調查時依然表態支持，即便他們在這段期間看到排斥跨性別的惡意競選廣告。拉票員在十分鐘內使歧視跨性別的偏見減少，與十年來反同性戀的偏見減少有異曲同工之妙。

這種新穎的「深度拉票」技巧是領導力實驗室主任大衛・弗萊舍（Dave Fleischer）的主意。根據他的經驗，一般人不會因為別人羞辱、勸誘或威嚇而重新考慮自己的意見。他們改變想法的時機，通常是在回顧個人經歷，並將經歷串連起來時。該實驗室的拉票員作用在於提出問題，並講述個人故事，以提示對方重新審視自己的看法。

我問弗萊舍是否相信人會因為感到羞愧而擺脫偏見。他的回答很明確：「你遇過別人羞辱你，你卻對此心存感激嗎？」即使有這種情況，羞恥感依然不是常見的積極動力。

二〇一六年十月，弗萊舍在TED演講中播放一小段影片，內容是跨性別實驗室拉票員維吉尼亞（Virginia）與說著不流利英語的年長男子之間的對話。一開始，男子表示不支持跨性別反歧視法，原因是他來自南美洲。「我們不喜歡娘炮（fags）。」他說。維吉尼亞問他的體悟從何而來，並透露自己是同志，不認為自己是女人。男子問他為何決定當同志後，他平靜地解釋緣由。後來，男子分享了自己照顧患病妻子的故事，流露出他對妻子的深情。維吉尼亞說他的故事與自己產生共鳴——他與伴侶陷入熱戀，也知道彼此能在餘生互相照顧。過程中，維吉尼亞不經意地建議使用「同志」一詞，而不是有冒犯意味的「娘炮」。談話結束時，男子說：「我第一次問這些問題，還得到有風度的回應，謝謝你……嗯，也許我對同志有誤解。」從影片看得出來，這兩人建立起真心真意的交情，而這種交情使男子有機會展現謙遜的一面。反過來說，假設維吉尼亞斥責他說「娘炮」一詞，結果會大不相同。

比較各種反偏見方法的成效的研究並不多，但至少有一項針對非黑種人的加拿大籍大學生的研究，證實了弗萊舍的直覺及領導力實驗室的成果。學生被分成三組；手冊有兩本，每組收到其中一本或沒收到手冊。一本手冊帶著控制和威脅的語調，告訴學生不該有種族偏見，因為歧視在加拿大社會是不受歡迎的非法行為，而且後果不堪設想。另一本手冊強調多元化社會的好處，並明確指出學生可以自行決定懷有偏見或奉行平等主義。學生讀完其中一本手冊（或沒有讀）後，回答了關於不抱成見的動機問題。「控制型手冊」產生驚人的反效果，該組的學生比閱讀「自主型手冊」的學生表達更多偏見。他們甚至比沒有讀手冊的學生更有成見。研究員得出的結論是，以嚴厲手段試著使人因羞愧感而消除種族歧視，可能會一反常態地激起人對受壓迫群體的敵意。此外，研究員告誡：不要讓這種強硬的訊息融入旨在減少偏見的政策和方案。

羞恥感應用到頑強的白人至上主義者，效果與一般種族主義者差不多。安吉拉・金（Angela King）與克里斯汀・皮喬里尼（Christian Picciolini）是放下仇恨（Life After Hate）組織的共同創辦人。該組織專門為正在退出暴力仇恨團體的人提供諮詢。一九九〇年代，金與皮喬里尼都是白人至上主義的光頭黨活躍分子；他們講述了相似的故事：潛在受害者表現出善意和同情心後，他們就放下了仇恨。對金來說，她參與了一連串非正式會談，而談話對象是納粹大屠殺的倖存者。這位倖存者聽到金對於自己否認納粹大屠殺及參與雅利安國（Aryan Nations）組織表示懊悔後，就擁抱了金，並表達原諒的立場。對皮喬里尼來說，救贖之路始於那些光顧他的唱片店的猶太人與黑人顧客，儘管他們知道皮喬里尼是新納粹主義分子，也不避諱與他交談。

金與皮喬里尼表示，他們加入仇恨組織是為了處理自卑的問題。吸引他們的不是充滿憎恨的意識形態，而是接納他們的社群歸屬感。先是有意義、使命感及歸屬感，後來才有白人至上主義意識形態的灌輸。他們說參與仇恨組織的人都經歷過某種形式的虐待、霸凌或其他創傷，而且很容易被說服將自怨自艾的情緒投射到「外人」身上。仇恨組織的招募者利用了這些弱點和不安感。

金與皮喬里尼的故事得到了社會學家皮特．西米（Pete Simi）的證實。西米採訪一百多位前白人至上主義者，其中有八〇%的人在童年經歷過創傷，例如虐待、冷落或父母吸毒成癮。有些人擔心自己的大腦曾經受損，而西米希望利用腦部成像技術來探索這點。研究員鑽研其他極右派與恐怖主義運動後，一次又一次發現大多數人參與其中主要是為了尋找意義與歸屬感，而意識形態是其次，不一定堅守不變。

引導人們擺脫仇恨時，先了解什麼能吸引他們，然後以同理心回應他們的需求是很重要的事。金說，羞辱起不了作用。無濟於事。

羞恥感發自內心時，會產生效果。金聽著納粹大屠殺的倖存者講述故事時，她感到非常羞愧，甚至不敢直視對方的眼睛。那時，她的信念體系開始崩解。不需要別人對她說教，她內心的仇恨就這樣消退了。金的經歷與芝加哥大學的種族、政治及文化研究中心（Center for the Study of Race, Politics, and Culture）心理學家珍妮．庫巴塔（Jeni Kubota）的發現吻合：內在動機驅策自己成為更好的人時，偏見就會消失，而不是由別人告知你有不好的偏見。

皮喬里尼也贊同地說：「款待孩子，不要款待怪物。」他在柏克萊市發表的演講快結束時，激勵聽眾：「同情那些你認為不值得的人吧。我保證，他們才是最需要被同情的人。」

這種同情心在拉比・麥可・魏瑟（Rabbi Michael Weisser）結識賴瑞・特拉普（Larry Trapp）的驚人故事中顯而易見。賴瑞是不斷騷擾麥可的三K黨年長領袖，孤苦伶仃。麥可得知他有殘疾後，就打電話給他，主動開車載他去雜貨店。幾天後，賴瑞回電說：「我想擺脫現在做的事，但我不知道該怎麼做。」兩人的親密友誼就此展開。賴瑞退出了三K黨，皈依猶太教；一年後，他在麥可與妻子朱莉（Julie）照顧下的家中去世。

我讀到德瑞克・布萊克（Derek Black）的故事時，皮喬里尼對同情心的呼籲在我的腦海中回響著。德瑞克是三K黨領袖唐・布萊克（Don Black）的兒子，也是前三K黨「大巫師」大衛・杜克（David Duke）的教子。他是白人民族主義運動的青年領袖，力圖將國家分為多個種族飛地。此外，人們認為他與父親成功地使白人至上主義的主流言論吸引到溫和派的注意。

德瑞克上大學時，結識了拉丁裔與猶太裔同學。其中一位納粹大屠殺倖存者的後代，邀請他參加安息日晚宴。當天，他們互相尊重地交談。「如果德瑞克離開餐桌後，再也沒有回來，責怪他又有什麼好處呢？」猶太裔主人暗暗思忖。德瑞克與他們一起吃飯時，他的反猶太、種族主義信念體系漸漸崩塌。他的非種族主義白人女友也開始提出疑問，並將一些與他的看法相悖的研究連結傳給他。畢業後不久，德瑞克退出了白人民族主義運動，也在《紐約時報》的專欄文章中公開聲明摒棄白人民族主義，這讓他的家人驚恐萬分。

在大學裡，許多同學迴避他，也譴責他。但德瑞克說，決定邀請他到宿舍聊天、不排斥他的人，讓他意識到自己造成的傷害並願意承擔責任。朋友對他的看法表達明確又強烈的不滿，但他並沒有因此泯滅人性。假如他在一九八〇年代就讀我上的大學，同學和我應該會拿著註明「恥辱！」的標牌，嚴密監視他，然後讚美自己，卻一無所成。

如果同理心是逐漸破壞白人至上主義核心信念的最佳途徑，該如何解決困擾大多數人（即使不是所有美國白人）的無意識偏見呢？在「挑戰白人至上主義研討會」（Challenging White Supremacy Workshop）的引導下，反種族主義研討會的培訓員一致地強調恭敬的對話。大衛·坎普特開發了一種叫做「RACE」[1]的方法，仰賴積極的傾聽、同理心及個人說故事的技巧。他呼籲白人擔起與其他白人進行這類對話的重負：

---

1 R＝思考（Reflect），A＝發問（Ask），C＝建立關係（Connect），E＝詳述（Expand）。

對那些懷疑種族主義真實性的人而言，白人執行以傾聽為基礎的策略時，處於更有利的地位。在日常生活中，有色人種必須忍受白人懷疑論的間接表達——種族歧視無所不在。他們也只能忍耐，因為他們在生活的諸多方面都經歷著公然或微妙的種族主義。也許某些有色人種願意在對話中，聆聽白人刻意表達的種族懷疑論。但是，指望有色人種承受這種情形是不公平的事。引起白人關注……應當是白人夥伴的當務之急。但夥伴要明智地解決此問題（原文強調）。

坎普特的理念使我想起小馬丁·路德·金恩的觀點：「我們要同情和理解那些恨我們的人，也要領悟到那麼多人被誤導恨我們，他們不該對仇恨負起全部的責任。」金恩設想的是靠著善意團結一致、跨越分歧的「互敬互愛社群」。他相信和解能突破暴力的惡性循環，並帶來持久的和平與正義，而報復行為並不能實現此目標。和解能吸引有種族偏見的白人融入互敬互愛的社群，但報復會把他們推向混亂之處，而白人民族主義的招募者會在那兒找到他們。

從錯誤中學習

二〇一六年大選後，支持進步主義的評論員範．瓊斯闡明緊迫之事：

> 要有充分的內在力量、社群支持，也許還需要一些絕地武士的思維技巧，才能從容又巧妙地讓我們與那些想法、假設及態度經常傷害我們的人交流。但我們目前的策略是進一步退回到自我肯定的自由派同溫層效應，反而產生莫大的反效果。

有幾種消除隔閡的溝通策略，可以協助我們讓自己的心聲在同溫層之外被聽見。我遇過最詳盡的有效策略是強效溝通法（PNDC），其發明者雪倫．史特蘭．艾里森以新穎又簡單明瞭的溝通方式，培訓過數千名教育家、政府官員、企業與非營利組織的領導人，避開了傳統敵對方式的陷阱。

PNDC以認可每個人的人性為前提，即便學員說了、做了或相信很可怕的事。這種跨越分歧的溝通方法，並不是淡化我們的信念與價值觀，或為有害的行為找藉口，而是關於學習如何以優勢與謙卑的態度處在掌權的位置，藉此超越權力鬥爭，無關乎試圖打倒別人或說服別人相信你是對的。我們試著以事實、才智及道德來壓制別人時，無法發揮影響力。你展開攻擊時，可能覺得自己占盡優勢，但實際上你可能為了打壓別人的力量，最終卻削弱自己的力量。

為了開發一種與保守派互動的無防禦性方法，我曾與艾里森在多方面共事；這種方法能讓保守派有更多機會重新思考自己的立場。艾里森說，第一步是好奇心。

好奇心是輕蔑的解藥。輕蔑立場的根源是自以為無所不知的優越感，戒備心很強，而好奇心是一種想了解對方背景的單純期望。出於好奇而提出的疑問，能讓人卸下心防。

與其抨擊川普，或侮辱川普支持者的道德觀或智力，不如將控制權交給你的好奇心。你不必贊同川普支持者所說的話；你只需要蒐集情報，試著了解他們的背景。

你現在就可以開始實踐：想像一下讓你生氣的右派觀點。任何碳基生物都有可能相信此觀點——感受一下你是多麼憤怒和沮喪。接著，做幾次深呼吸，試著讓頭腦冷靜下來。假設你是剛來到地球的外星人，沒有既定的意識形態，也沒有準備謬見與事實的對照圖表。你那打從內心感到好奇且謙虛的自我，想知道什麼呢？

舉例來說，如果你不明白福音派的川普支持者如何容忍川普的風流習性，你可以問他們對理想基督徒的看法。然後，你可以請教他們：川普在哪些方面符合他們的標準，或他在哪些方面稍嫌不足。

有時，人們不願意問一些關於冒犯性信念體系的問題，生怕單純提出問題就變成暗指原諒或默許。別擔心，你只是單純蒐集情報，並試著理解他們的看法背後有什麼原因，以便你與他們順利溝通。

巧妙地問一些你感到好奇的問題，能促使對方做出回應，不須有戒心地躲避或裝模作樣。「不管對方做什麼，只要你不反駁，」艾里森說：「你的力量就會只增不減。」

巧妙且不強硬地提出正確的問題，可以激勵別人產生意想不到的見解；一個人獨自領悟到某件事時，往往更容易產生認同感。艾里森告訴過我的許多故事，是關於單一問題衍生出大改變的洞察力。我最喜歡的故事是：年輕女子的年長男老闆經常摟著她，叫她「寶貝」。後來，她問老闆：「你認為我希望你這樣摸我嗎？」老闆猶豫了一下，接著回答：「我不認為。我現在才知道自己的摸法侮辱了妳，我再也不會這樣摸妳了。」

這是真實事件。早在「我也是」（#MeToo）主題標籤出現之前，這名男子就在可能被起訴或丟掉飯碗的情況下，立即承擔了責任。

有一次，我與一位保守派熟人聊天。他抱怨許多「沒有責任感」的女人生了太多孩子，不僅超出她們的撫養能力，還指望政府給她們福利金，幫助她們脫離財務困境。我問：「有沒有可能是，有些家庭在經濟狀況不錯時，就決定要生多少個孩子，可是後來家道中落？」他很快就理解我說的話，然後答道：「嗯，有可能，也許很多家庭都遇過這種狀況。」他似乎不曾從這個角度看待此議題。

還有一則藉由無防禦性提問產生了大改變的故事：麥可・貝爾（Michael Bell）是多元化溝通顧問。當有兩位在非營利組織的有色人種遭受白人同事不敬的對待時，他為該組織主持了種族平等的調解會議。當會議進入演講環節後不久，一位留著紅髮的白人舉手說：「當我小時候，只要我覺得尷尬，並被其他小朋友取笑時，我就會臉紅。那我算不算是有色人種？」

貝爾本來可以大放厥詞，變成在YouTube上瘋傳的批判影片。但他沒有這樣做，而是平靜地問：「你的意思是身為紅髮小孩的童年經歷，相當於我在種族隔離的南方成長的黑人經歷嗎？」紅髮男子思考了一下，然後回答：「不是，我覺得不能混為一談。」培訓結束後，他向貝爾索取一份推薦書單。貝爾提出的問題沒有否認這位白人以前尷尬和被取笑的經歷，也沒有把他貼上種族主義者的標籤而引起反感，因此他沒有防備心，也能夠發覺到貝爾的比喻有荒謬之處。想像一下，如果貝爾的回應採取辯護方式，會發生什麼事？

以謙遜態度提出真誠的問題，能讓人卸下心防。敵對或傲慢的態度會讓對方警覺起來。此時，他們的大腦無法理性思考，要麼與你戰鬥，要麼撤退。無論如何，這種互動方式衍生的結果不太樂觀。

關於好奇式發問的最後一點：雖然我在前文提到一些鼓舞人心的例子，可以激勵別人改變想法，但這不是目的。這一點非常重要，也是我需要經常提醒自己的事。理想的問題是由開放的心態形成，而非有說服力的待議事項。我不能把自己的觀點當成一套盔甲，戴著進行對話。假如我不願意根據對方說的話來改變自己的態度，這反映出我對自己的看法不夠有信心，還偽裝成太過有自信。我重視的觀點依然存在，可以等我聽完對方的意見後再提出。如果我選擇不提出自己的觀點，那是因為我學到了新的東西。

對我這種參與政治的人而言，上述的論點有些自相矛盾。我們怎麼可能不去說服別人投給我們支持的候選人，或贊同我們對重要議題發表的觀點呢？PNDC確實需要絕地武士般的思維技巧，也就是暫時拋開你想商討的流程，以謙卑與開放的心態參與其中。跨性別歧視的拉票員拜訪別人時，當然有自己的議事日程，但他們帶著好奇心接近別人，而不是試圖說服別人支持新法律時，原力與他們同在。

捨棄個人的議事流程一點都不簡單，尤其是在令人驚恐的期間。然而，不設防的溝通方式可以與你的政治議程共存。重點在於，你要暫時克制自己想說服別人的欲望。

好奇式發問法

發問是交談的一部分，而不是盤問或蘇格拉底反詰法那樣的審問[2]。你提出的問題應當具體，但要以不評判、不引導、不爭辯的方式發問。身為一名訓練有素的律師，我認為這是非常困難的事。我經常在疑問中悄悄加入自己的論點。

這裡有一個容易引起爭辯的問題：「已知美國有足夠的核子武器能炸毀世界三遍，你認為再花幾十億美元買新的核子武器有什麼用途？」此問題的前半部分暴露了我的立場——我們的核火力十分強大。這意味著認為我們需要更多核子武器的人都是傻瓜。換個方式，我可以問：「如果我們再花幾十億美元買核子武器，你認為美國能得到什麼好處？」接著，我會再分享自己的看法：額外的武器既多餘、危險又耗資甚大。

也許你很想（我真的很想）拋出一連串蘇格拉底式問題，而這些問題背後的用意是引導對方「理解」。但這種問法會讓對方覺得被騙。他們會遠離這種不愉快的感覺。

如果你為了讓對方顯得無知，而明知故問，這就是一種引人入彀的行為。假如有人堅持要建造邊境牆來阻止毒品入境，然而你知道美國緝毒局（DEA）表示大多數毒品是經由合法入口偷運進來，那麼當你提問：「你認為有多少毒品是經過非法的邊境通道入境？」就是一種誘導的提問方式。相反的，你可以先了解他們的感受為何那麼強烈：「你從非法毒品的走私中發現什麼樣的影響？」根據他們的回應，你可以稍後分享DEA的評估結果。

要知道是否落入蘇格拉底式圈套，我們可以這樣測試：你發問是為了理解對方的經歷，還是為了奠定基礎，以期證明自己的觀點？如果是後者，你可以先保留立場聲明的所有實用資訊與分析（我會在下一章討論），而不是藉著操縱談話來說服對方。

2　通常是一人主導談話，另一人因同意或否定而提出假設，過程中包括諷刺、催生、歸納及定義等步驟。

我前面曾提到的一個問題是：有些領福利金的人，是否有可能在計畫組成大家庭之後窮困潦倒？我的提問方式很接近於誘導。然而，我的語氣很輕鬆。我也很好奇對方是否考慮過這種可能性。

另一種誘導的形式是留給對方無奈選擇的問題：「你要讓子孫在氣候災難中喪命嗎？」這種問題只讓奶奶承認氣候異常實際存在，或表示願意讓子孫遭受可怕的下場。

發問時，不引起對方的防禦性反應，還有其他幾個要素，包括保持放鬆、不急迫的語調；在問題的結尾降低音量，不要提高音量；避免做出粗俗的（通常是不自覺的）肢體語言，例如搖頭、聳肩、皺眉、挑眉、斜視或揮動手臂。

在這本書的網站上[3]，你可以看到艾里森咄咄逼人又好奇地詢問同一個問題的示範。注意她強調了哪些詞，以及她的音量在句子結尾是升高還是下降。觀察她的眉毛、雙手及肩膀。當她以不同舉止提出同樣的問題時，你有什麼樣的感受？

我參加PNDC研討會時，有一位女士練習問人是否注意到近年來的季節性異常。她說的話不是在為自己辯護，但她多次後仰和斜眼看人，彷彿是在表達：「你不相信氣候變遷，是瘋了嗎？」她試了大約六次後，終於能夠保持頭部不動，而她傳達的強烈感覺也明顯緩和了。

有些問題私下提出時沒有戒心，但在書面上卻具有攻擊性。因此，你需要注意是否該酌情調整表達方式。例如，我可能會當面問：「你說的『寄生蟲』是什麼意思？」假如我注意不要傲慢地說出「寄生蟲」，這個問題就沒有大礙。但如果是在臉書上留言，對方讀起來可能會覺得有鄙視的意味。換個方式，我會留言問：「你覺得『寄生蟲』代表什麼意思呢？」或「能不能麻煩你告訴我，有關『寄生蟲』做了哪些事的細節嗎？」

對方回答你的問題時，你要做的事就是**傾聽**。你在腦海中構思接下來要說的話時，盡量別心不在焉地聽。傾聽時，要像你希望對方聽你說話的那樣；盡量維持不動聲色的神態，並讓身體放鬆。坎普特建議讓舌頭頂住上顎，或想像你的上下嘴唇緊緊黏在一起。他也睿智地告誡人們不要特別留意錯誤或冒犯性的內容，而是要聽出對方傳達的共同經歷與潛在需求。

---

3 http://www.ericaetelson.com/beyondcontempt/

問題示例

在這本書的網站上，你可以找到許多出於好奇而提出的問題例子。你在談話中語塞時，問問自己：「如果我現在真的很好奇，我想知道什麼？」

例子如下：

移民

- 你認為導致移民的根本原因有哪些？
- 你認為美國文化中，有哪些價值觀或傳統受到移民的威脅嗎？這對你有什麼影響？如果對方提到有不同宗教信仰的人，並表示想維持信奉基督教的國家，你可以問：
  - 你認為移民在哪些方面威脅到你的信仰？
  - 美國是基督教國家，這對你來說有什麼意義？是什麼因素讓美國變成基督教國家？
  - 你認為基督徒應該在塑造國家文化方面發揮主導作用嗎？

仇恨引起的暴力

- 過去幾年來，你認為是什麼原因導致世界各地的白人民族主義暴力事件增加，例如清真寺、猶太教堂及黑人教會的大規模槍擊事件？你認為政治人物和媒體談論移民的方式起到任何作用嗎？
- 說到各方對仇恨犯罪的反應，你認為有哪些優點和缺點？

種族歧視

- 有人說「黑命關天」時，你會不會覺得他們是在暗示白人的性命不重要？
- 有人談論白人的特權時，你認為他們是在說你是白人，所以你的生活就不艱苦嗎？
- 對你來說，沒有種族成見意味著什麼？假如別人似乎不了解白人的特權，你可以問：「你有沒有遇過這種情況：你只是坐著做自己的事，就被趕出飯店大廳或咖啡館？」

「我也是」(#MeToo)標籤

- 你認為女人告發男人性騷擾或性侵犯的最常見原因是什麼？如果答案主要與報復有關，你可以問：「為什麼你認為報復是主要的動機呢？」
- 你有沒有遇過這種情況：有權勢的人對你很不好，但你不敢揭穿他的真面目？

福利與收入不平等

- 你說已厭倦了為懶得工作的人付出福利津貼時，是否覺得自己努力工作反而讓別人坐享其成？你認為有些、許多或所有接受社會救濟的人，都不願意工作也不主動找工作嗎？
- 如果有人說很擔心政府會因為發放津貼而破產，你可以問：「你說的『津貼』是指什麼？」、「你是不是擔心萬一你有需要，可能沒有足夠的津貼留給你？」
- 你是否在努力工作的同時，覺得自己無法從美國夢得到好處？

- 你認為付出努力一定能看到成效，還是你見過有人盡力而為卻失敗的例子——有時是因為他們無法掌控情勢？

假設你與富有的保守主義者交談，你可以問：

- 多少資產淨值才能讓你感到放心？
- 你認為貧富差距對我國有什麼樣的影響？

環境

- 你認為我們要求大公司符合清新空氣與乾淨水質的標準後，有些人會因此失業嗎？如果這些標準受到支持，你擔心失業嗎？
- 假如某個產業製造污染，例如排放化學物質到飲用水中，你認為他們應該負責清理嗎？你有其他解決問題的辦法嗎？

- 你認為美國環保局記錄有多少蜜蜂瀕臨死亡，是重要的事嗎？
- 軍方認為氣候變遷對國家安全構成威脅，你對他們的立場有什麼看法？你相信軍方說的話嗎？

醫療保健

- 你最想從醫療保健服務中得到什麼？在歐巴馬健保中，有你想保留的項日嗎？
- 你對其他先進經濟體制的醫療保健制度品質有什麼樣的印象？

拉票

假設你在搖擺區為一位進步主義候選人（以下簡稱「候選人Ａ」）拉票：

- 你比較想投給致力於確保不通過新槍械控管法的人，還是努力將稅收負擔從中產階級轉移到超級富豪身上的人？

- 你的看法是不是：因為你認為墮胎是不道德的事，所以如果你投給候選人A，就代表你是不道德的人？
- 川普總統的稅收計畫是否如你預期的方式進行？如果是，你最喜歡該計畫的哪些部分？有任何讓你失望的部分嗎？如果不是，哪些部分令你失望呢？
- 你認為川普或候選人A的政策，主要有利於富人、中產階級還是窮人？
- 如果選民說不確定會不會再投給現任的共和黨人，你可以問：「你不確定他們是否值得你投票的依據是什麼？」

常見問題

以下是關於一個人的心境、思考過程或接受度的問題：

- 我提到有關這個問題的專家共識時，你是不是覺得我不重視你的意見，因為你不是專家？

- 你認為這是千真萬確的事實，還是有不確定的地方？
- 假如對方反對你提供的可靠消息，你可以問：「如果這消息不是真的，你覺得為什麼他們要散播假消息？」

高尚天使組織的紅州與藍州研討會，從各方認為對方存有刻板印象（例如認為我方「容易心軟」、「政治正確」）的集思廣益開始，然後討論這些刻板印象的真實性。談話時，打破僵局的問題可以是：「你認為自由主義者對保守主義者有什麼看法或刻板印象嗎？或是你發覺我有類似的觀念？你有多相信刻板印象蘊含真相？」另一種打破僵局的方法是，鼓勵每個人回想那些影響他們形成政治觀點的經歷與事件（例如伊拉克戰爭、水門案、遇過霸凌或性虐待）。

如果你考慮與保守派家庭成員建立關係，而且你長期以來避免與他們談論政治，你可以先問他們是否願意或有興趣互動，並分享你擔心會破壞關係的事。如果對方是你愛的人，你不妨告訴他們，無論他們說什麼都不會影響交情，而你也不希望自己說的話導致關係決裂。

從一開始就做好心理準備，能在緊張狀況出現時發揮導引的作用。

當你覺得高人一等時，你也可以問自己這些問題：

- 這是真的嗎？我接受了更多批判性思考的訓練，也接觸更多不同的文化嗎？我的批判性思考能力真的很強嗎？還是，我只是很依賴圈子內的論據？
- 如果你很富有，可以問自己：「富裕是否讓我傾向於支持可能導致失業或增加消費者成本的政策？」
- 某位川普支持者在某個領域的表現比我優異？他是否在老人服務中心當義工，或收留救援組織的動物？他的貢獻使他顯得比我了不起嗎？（如果不是，那麼我的進步主義政治信念或參與抵制川普的活動，憑什麼讓我顯得比他更優越？）
- 即使對方擁護的信念讓我覺得反感或難以置信，難道他沒有尊嚴和價值嗎？（提示：有）
- 對方知道一些我不知道的事嗎？

- 無論現在或過去，我是否有內隱偏見[4]？我是否也有一些在社會上受到認可的成見，比如階級歧視、年齡歧視、身材歧視或反摩門教？我能從壓迫性的體系中獲益多少？或者，我積極破壞這種體系有何好處？
- 感受到優越感或彰顯優越感，對我有幫助嗎？當我沉溺於高人一等的感覺時，我得到了什麼，或失去了什麼？我上次與懇求我、羞辱我或自以為是的人發生口角時，我後來讓步了，是什麼時候的事？

不設防的問題可以化干戈為玉帛。如果對方感到好奇，他們就能為自己或雙方激發出新的見解。

在談話中，你可能會聽到一些你非常不認同的事。在接下來的兩章，我會告訴你如何在不引發對方採取防衛姿態的情況下，說出你的真心話。

4　一般人無意識地貶低某些族群的既定想法。

第五章
和平共處

調解不代表順從，而是一場愛之革命，足以讓被壓迫者與壓迫者獲得自由。

——《共同祈禱：激進分子的禮拜儀式》（*Common Prayer: A Liturgy for Ordinary Radicals*）

你了解別人的觀點後，就能以無防禦性的立場聲明形式來表達自己的意見。如同PNDC的發問方法，PNDC的陳述方法也不是為了說服別人，而是分享個人的經驗或觀點，並觀察對方的立場是否有矛盾之處。

PNDC的立場聲明並非不容置疑的真理，也不是教條、訓誡或內疚感，更不是用來炫耀你所謂的優越感宣言。只要你堅守自己的立場，而不是熱衷於挑出別人的立場錯誤，你的聲明就能散發熱情。要是你沒有把怒氣當成懲罰或說服別人的武器，你大可表達怒意。

你很難使別人改變心意。你愈努力說服，對方就愈想反抗。你能做的事就是吸引對方考慮你說的話。

有效的立場聲明有三種功用：（一）表明你理解對方的立場（儘管你不一定認同）；（二）分享你的故事與信念依據；（三）如果對方的態度或行為對你或別人造成了傷害，讓他們擔起責任。

劇作家兼行動主義分子伊芙．恩斯勒（Eve Ensler）的以下聲明具備上述的三種功用。她的聲明回應了贊同川普嘲弄凱瑞斯汀．布萊西．福特的白人女性。在公開信中，她詳述父親對她進行性虐待，以及母親沒有保護她的故事。川普取笑福特時，她看到那些女性在川普身後大笑和歡呼。她說：「感覺就像我陷入熟悉的噩夢中。這場夢逼迫我向妳們伸出援手。」她接著說：

我知道，如果妳們當中有很多人站出來說相信女人比男人強，會冒著很大的風險……我寫這封信，是因為我們需要妳們，就像我以前需要母親保護一樣。我們需要妳們一起拋開恐懼與恥辱並勇於發聲……這就是為什麼我認為妳們應該與我站在同一陣線。暴力能破壞女人的靈魂，摧毀女人的自我意識，使女人變得麻木。暴力將我們的靈魂和身體分割開來，也是使我們繼續被視為二等公民的工具。如果我們不解決此問題，就會導致抑鬱、酗酒、毒癮、暴飲暴食及自殺。這會讓我們以為自己不值得享有幸福。我的母親花了四十年才明白她當初袖手旁觀造成的影響，並向我道歉。我想，妳們不會希望在四十年後向女兒道歉吧。

恩斯勒本來可以大肆批評川普的厭女症，也可以把支持川普的女性詆毀為不夠理性、應該感到羞恥的人。但她的做法其實更有感染力。

威斯康辛州有一位名叫貝卡（Becca）的女士參與了自由派猶太人、支持川普的保守派基督徒組成的小型討論會。在二〇一八年的中期選舉前，她為討論會中的保守派寫了一封發自肺腑的信，表示有一些朋友因為恐懼而即將出國，而她也在考慮離開，但她希望他們挽留她。其中一人回信說，他們不希望她離開，也不會在中期選舉時投給共和黨人，還想邀請她一起吃晚餐。哇！

立場聲明是你說出主觀實情的機會。你愈能保持主觀性，對方的接受度愈高。即使你面對的是像地平論這般荒誕的觀點，你說「從外太空拍攝的地球照片，讓我完全相信地球是圓的」也比宣稱「地球肯定是圓的，所有質疑這一點的人都愚蠢至極」更不會引起對方反感。無庸置疑（我應該說，我相信這是真的），一旦社會缺乏基於對現實普遍認可的理解基礎，便無法運作。比方說，對納粹大屠殺提出質疑並沒有任何有效或實用的目的。然而，不管你喜不喜歡（我不喜歡！），我們都處於資訊戰[1]中，而說出令人難以接受的真相將再次引發戰爭。

自由主義者崇尚客觀性，經常對右派反抗事實及川普惡意地破壞真理的概念感到束手無策。然而，我相信某些川普支持者的抵抗態度，是由左派傳達矛盾事實的評斷與傲慢方式所引起。一般人珍視的信念體系受到攻擊時，會變得頑強，而且往往不思考本身信念的缺點，而是將信念視為防護性的盾牌。立起盾牌後，思想會變得封閉，而對話變得簡短。

想像一下，你支持氣候變化否定論，卻聽到以下聲明：

天哪！如果你相信那套理論，就代表你看太多福斯的新聞了。基本上，世界上的所有科學家都知道氣候變化是人類造成的；這一點不容置疑。

你覺得有點想辯解嗎？來看看以下的聲明：

從我讀過的內容來思考，科學方面的強烈共識是人類導致氣候變化。我們接近的臨界點是失控的氣候變化，可能會變得勢不可擋，使地球升溫到前所未見的溫度。還真嚇人啊。恐怕地球升溫到這個地步後，維持生命的系統漸漸停止運作，也會出現更多駭人

1　利用資訊來確保競爭優勢，包括蒐集情報、驗證、散布假情報。

的乾旱、火災及水災。如果我的推測錯了，沒有這麼嚴重的危險，我寧願將錯就錯，也不願冒著科學家預測的災難風險。假如有九〇％醫生告訴我，我需要靠細長的支架來預防心臟病發作，我會聽從他們的建議。

第二種聲明告訴別人「我相信什麼」以及「我如何漸漸相信」，不堅守赤裸裸的真話，也不貶低別人的看法。或許別人不認同，但他們大概也不會想辯解。因此，他們有可能仔細思考我說的話是否有道理。

你也可以說：「政府底下有那麼多氣候科學家告發說，川普政府要阻止大眾看到他們的研究，這讓我覺得川普政府有意隱藏什麼。」這種說法可以誘導他們探究實情。

換個情境，如果有人對你說出以下的話，你會怎麼回應？

你們這些心太軟的自由主義者，只會把所有寄生蟲寵壞了。如果你們有決定權，人人都接受救濟，那經濟就會崩潰。

你的杏仁核有什麼反應？你想尖銳地反駁，還是要默默舔舐傷口？你覺得這種談吐富有成效，還是令人難以忍受？

現在，請你想像一下自己是對川普的財富羨慕不已的自由派川普支持者，你也認為川普對國家的付出猶如他為自己和家人做的事。然後，有人對你說：

你真的以為川普在乎你的死活嗎？他是無可救藥的騙子。如果你不趕緊看清這點，他就會把國家變成竊盜統治的政體。

你怎麼回應呢？你準備好「看透」了嗎？那如果有人的說法如下，你又有何反應？

我聽到你說很羨慕川普總統家財萬貫，並希望他能把國家經營得像成功的企業。我承認我們有一些嚴重的經濟問題需要處理。關於川普的過去表現，最讓我印象深刻的是有許多非法入境的波蘭勞工、小企業老闆對他提起訴訟。前者建造了川普大廈，卻沒有得到酬勞；後者的服務沒有得到報酬。其中某些人還破產了。我也記得讀過有關川普解決了川普大學（Trump University）客戶起訴他詐欺的訴訟內容。我認為他犧牲一般美國人的福祉，藉此從中獲益，這讓我擔心他是否濫用總統職位，以便犧牲國家的利益，達到增加自家財富的目的。他不願意公開納稅申報單讓我更擔心。有些國家太過腐敗，以至於破壞了經濟；我不希望這種情況在美國發生。

還有一個問題：富人會怎麼回應民粹主義者對他們唯利是圖又貪婪的譴責呢？我跟你賭一百萬美元，富人會為自己辯解。即使是不富有的人，也可能急著為他們辯護。真沒想到，富人竟成了受害者！換個方式，如果你說：「依我看，有錢人通常不能確切地呈現出大多數勞工階級與中產階級的利益。我認為對他們來說，不太需要每天煩惱如何維持收支平衡，或煩惱為了買房或買車的頭期款而儲蓄的問題。我覺得他們很可能認為目前的體制十分公平，因為他們能從中得到好處。」

你比較上述的不同說法時，是否覺得卸下心防的說法喪失意義或缺乏力量？我倒不覺得。我看到的是直截了當的表達方式——沒有自以為是或刻薄的挖苦意味。利多於弊。

對社會主義者和支持進步主義的民粹主義者而言，以民粹主義特有的責備修辭來批判富人是很誘人的事。但就像麥布萊牧師提議的，明智的做法是對人溫柔一點，但對體系要採取強硬的手段。你可以嚴厲看待資本主義、全球化及企業任人唯親，但你要記住：即使是富可敵國的人，也是有優點和缺點的複雜人類；他們與我們一樣都值得感受到基本的善意與尊重。

有時，自由主義者表現得好像覺得向保守主義者詳細解釋很麻煩，甚至常常懶得辯解。領導力實驗室主任弗萊舍批評躲在封閉圈子的自由主義者：「我們不與意見不同的人交流，也不解釋自己看待事情的角度。我們不為理想提出充分的理由，就好比我們認為自己的觀點沒什麼破綻，根本沒必要辯解。」雖然迴避比言詞尖銳的迷因更不易察覺，卻反映出對不贊同我方觀點者的蔑視。

言語交鋒

二〇一七年十一月五日，一名男子在德州鄉村的教堂殺害了二十六人。許多共和黨政治家只以自己的想法和期望做出反應。一名女性在推文上寫著：「何不乾脆禁止槍械呢？如果有人對此感到心煩，就把見解和祈願轉達給他們吧。」

這則推文反映出幾十年來，許多進步主義者對共和黨人妨礙槍械安全法的日益失望和不滿。這則推文精闢、機靈，還有點刻薄，立即在全世界散播開來。

這位名叫艾瑞卡·布斯特（Erica Buist）的女士收到了幾千則回覆，大部分是槍械管制支持者留下情義相挺的話，感謝她洞察共和黨人逃避責任的事實。但贊成持有槍械的美國人反撲。儘管每五人之中，大約有一人嘗試與布斯特進行有禮的意見交流，但大多數人的回應都是激烈的挖苦或帶有恨意的謾罵。

布斯特與我愉快地聊起她的推文，聊了一小時。她是很有天分的英國作家，也對美國槍械暴力的悲劇有類似倖存者的愧疚感。布斯特認為第二修正案的專制主義者受到了恐懼心理的影響，畢竟國家的公民並不能確保醫療保健或基本的收入保障，而槍械可以做為安全感的替代來源。

我問布斯特，有鑒於這些刻薄的回應，她是否會用不同的方式編寫推文？她說不會這樣做，因為有太多人發現她建構議題的方式很有價值。她接著說，攻擊她的人沒抓住要點——她主要不是在倡導槍械禁令，而是指責碌碌無為的政客欺騙忠誠粉絲的選票。她從沒想過自己的推文會被一小群自由派擁護者以外的人看到。

但問題是，贊成持槍權的保守主義者看到這則推文後，解讀成呼籲禁槍，並立刻產生防備心。如果布斯特說得對，這些人對槍械的依戀確實是恐懼感和不安感在作祟，那麼他們的反應就更容易理解，也更可預料——他們把槍械視為一種保護形式，但現在有人揚言要奪走槍械。

假如我編寫了一則簡潔又明智的推文，在網路上瘋傳，我可能也不會想回頭更改內容。但我猜想，她的推文備受推崇僅限於「同溫層」，而且把槍械管制的反對者推向防禦的立場。有鑑於此，我會考慮更有感染力的措辭。如她提到的，敵方沒抓住要點，那麼是否有辦法以改述的方式來避免誤會？此外，該推文是否有可能使虔誠的美國人、甚或政治家（有些是重生派基督徒）真誠地為受害者及其家屬祈禱？

我知道很多人都在為受害者祈禱。同時，政治人物捍衛讓人們進行大屠殺的法律時，他們的想法和祈禱聽起來像空話。

然而，我的推文沒有在網路上瘋傳，也不會引起兩極分化，因為內容代表了我的主觀立場。我的推文讀起來也沒什麼威脅感，因為沒有暗指我是針對他們的槍械。像布斯特這類與你所見略同的人，可以與你在「天時」、「地利」的條件下分享有說服力的見解，但在推特這種開放的論壇，應當權衡不利的一面。

我從與布斯特的談話中得知，她的用意不是要辱罵槍械持有者或信徒，但很多人都是如此解讀。我循著該推文的社群媒體蹤跡，遇到了一位前海軍陸戰隊士兵——暫且叫他法蘭克（Frank）。他的臉書大頭貼是一把機關槍。二〇一八年二月中旬，就在佛州帕克蘭（Parkland）發生校園槍擊案後，他與我開始有了交流。我問他，為什麼布斯特的推文讓他那麼生氣。

他回我的訊息很長，可以看得出他經過深思熟慮。內容的解釋是：有時候，有信念的人無法找到適合的措辭來表達對可怕事件的感受時，他們就會發表意見和禱告。他說，也許不信教者無法產生共鳴，但也應該認真看待，因為他認為嘲笑別人的想法和禱詞是很卑鄙的挑釁行為。

我不曾停下來思考別人的想法和禱詞有可能是發自肺腑。他的回覆啟發了我。我回他：

我第一次讀到她的推文時，我滿心欣賞，因為我一直對那些說出想法和禱告、卻沒有採取行動防止槍械暴力的政治家感到很失望。一想到他們要捍衛允許大屠殺的法律，我就覺得他們的想法和禱詞聽起來很空洞。

讀完你的回覆，我現在才明白思想和禱告都可能是出於真心誠意。我確實納悶過，是不是所有談論想法和禱告的政治家都對槍擊事件有感觸，而且發自真心？還是，他們開口只是因為有話要說，或為了避開談論槍械管制？

法蘭克與我進行長時間的交流。過程中，我了解許多關於火器的知識，以及愛好者希望保留槍械的原因。他也了解到有力的證據表明：家裡的槍械對家庭成員的危害大過保護效果。

他讀了我傳的幾篇文章後，很慶幸得知這些中立的資訊。最後，他認同我的觀點：**AK-15**型步槍更可能導致大規模的槍擊事件（儘管我撰寫本文時，他依然反對禁止突擊步槍）。

我們給彼此說明觀點的機會。幾個月後，法蘭克突然問我對卡瓦諾的聽證會有什麼看法。我傳給他的文章詳述了卡瓦諾的謊言，而他的回應是內文很有說服力，也認為川普的行為愚蠢至極。我相信，我們之前溝通時的互敬態度使他真心想了解我對卡瓦諾的看法。

自由主義者針對槍械暴力發表的言論往往非常輕蔑。福斯新聞有一篇關於佛州大屠殺的文章，有人在評論區留言：「撐下去吧，可憐人……沒有被槍殺的孩子以後能成為有投票權的成年人。」這位評論者可能是自由主義者，試著以侮辱和嘲弄受害者的方式來贏得福斯新聞消費者的支持。友人的臉書朋友發布了迷因，公然嘲笑那些讓孩子在空冰箱內玩耍的「土包子」——持槍、眼睛泛紅、沒有牙齒。令人捧腹。

佛州的大屠殺結束後，大衛・布魯克斯（David Brooks）為《紐約時報》寫了一篇專欄文章，建議槍械管制的擁護者尊重持槍權的支持者，不該全面譴責槍械及持槍文化。他不久就遭人揶揄。對貶低他的人而言，除了羞辱和指責持槍權支持者是無情的怪物，做其他事似乎不切實際。他們寧願把手榴彈扔向典型的好戰鄉下人，也不願意到談判桌前了解持槍權支持者對槍械暴力的看法。

《華盛頓郵報》專欄作家狄昂也附和，斥責了他們回應持槍權支持者的態度：

隨著大規模的殺戮持續下去，我們被要求有耐心，也要花時間認真聽那些人的觀點——他們把限制使用槍械的一點風吹草動當成了沒收的第一步。奇怪的是，沒有人要求極度贊成持有槍械的人（一再呼籲新法律允許人們隨時隨地攜帶槍械）對被殺害的兒童、被迫「白髮人送黑髮人」的哀痛父母、在都市街區飽受暴力折磨的人、或大多數沒有槍械的美國人等表現出類似的同理心。

狄昂暗指同理心是一報還一報的商品，例如我同情別人時，也希望他們日後回報我，但我不能主動索取別人的同理心。對方符合我的行為標準時，我才流露同理心，那麼這是在操縱，不是真正的同理心。

同理心的行為是你站在對方的立場、將心比心，並試著了解他們的感受。同理心不代表意見一致或妥協。即使你不喜歡或不認同別人的觀點，你還是可以理解觀點背後的感受和經歷。許多擁有槍械的人很害怕暴力的犯罪活動，並相信槍械有保護作用。我能理解他們的恐懼，但我不認同持槍能確保我們的安全。有時，雙方無法產生共鳴：假設你與非常愛爭辯的人談話，他不肯透露有關自己的事，或說一些帶有恨意的話，那麼你們就不可能感受到同理心，除非你是達賴喇嘛。但是，如果我與一位告訴我槍械重要性的人談話，而且我不知道他們曾經施暴或縱容暴力，那麼我可以理解他們對槍械的依戀原因。

NRA的成功在於能夠帶動成員投票、出現於市政廳，並密切聯繫立法委員。每當我們貶低持槍者，都是在為NRA免費宣傳。此外，我們不願意以尊重的態度認可其他人對槍械管制的反對意見時，就擴大了文化分歧，並激起對自由主義者醞釀已久的怨恨；他們認為自由主義者不了解或不在乎他們。

闡述你的立場

你可以利用立場聲明來分享自己的價值觀和世界觀。最重要的是你分享價值觀時，不貶損別人的價值觀。用你的觀點表達立場，而不是信條，並盡量少用事實引用。你要了解對方的想法，而不是強迫對方接受你的想法。

你的立場聲明是分享一些資訊或經驗的好機會，而且這些資訊或經驗與對方的錯誤假設產生矛盾。比方說，對方以刻板印象或敵對的心態看待某些人，但你與他們曾有過正面的相處經驗。或者，你已經研究過某項議題，也了解到一些與對方的說法互相矛盾的部分。又或者，你注意到自己對別人的價值觀的理解與他們擁護的意識形態立場之間有矛盾。例如：他們很喜歡國家公園，卻贊成開放國家公園供採礦。發現矛盾並不是「驚喜」，而是純粹的觀察結果。

把你讀過、聽過、想過或相信過的內容描述成故事，並說明原因，而不是用陳述事實的方式反駁別人的立場。有時，故事是一種個人經歷，但通常只是你的思考過程——你讀到、聽到或看到什麼？為什麼你如此相信？你認為重點是什麼？

作家伊傑瑪．奧洛（Ijeoma Oluo）在《談談種族》（*So You Want to Talk About Race*）中敘述扣人心弦的故事，有關她參加一場為有色人種學生舉辦的獎學金大會，這是她有生以來第一次感受到沒有遭到歧視的解脫滋味：

> 在我參加大會的那兩天，沒人取笑我的名字，甚至沒人看一眼我的髮色。期間，我沒有察覺到自己說話的聲音有多大，或我的臀部有多大，也沒人質疑我的學術成就。我們在場，是因為我們是很勤勉的聰慧孩子……那兩天給我的感受難以言喻，只能說我

在此之前不知道自己竟然能那麼自在。

關於種族的問題，非黑種人也許有不同的故事：

我從小與父母一起看電視的當地新聞。在我的印象中，罪犯多半是黑人，原因是我經常看到黑人嫌犯的臉部照片。後來，我發現媒體偏好公開黑人（而非白人）被逮捕的畫面，使我發覺到早年經驗如何扭曲我的觀點。雖然我有這般領悟，但那些與犯罪有關的黑人面孔留給我深刻的印象。我只好不斷提醒自己，大部分的黑人都是守法的人。

艾里森建議大家表達觀點時，可以參考下方的準則：

一、積極聆聽。你可以說：「你剛剛說……」（如果你覺得這句話太老套，可以改說「聽起來像……」或「我猜你的意思是……」）。總結一下你認為對方在說什麼，不要鸚鵡學舌。

二、根據對方的說話內容、語氣、肢體語言、你的經歷或不相關的資料，說出你觀察到的矛盾之處。你可以說：「不過，我也發現……」（個人故事比參考資料更佳，因為這些故事更感性，也更不會有爭議，但你有時候只有客觀的資料可以分享）。你的用意不是要證明對方是錯的，而是客觀地審視自己。探索矛盾可以帶來更深刻的見解。

三、解釋並得出關於矛盾含義及對方的動機或意圖的初步結論。你可以說：「所以，我認為……。」

四、回應對方說的話時，分享你的心得——你的想法、感受、信念、結論或你接下來要做的事。你可以說：「我相信……。」

前三個步驟是給對方回饋的意見，最好用堅定又中立的語氣來表達，以免引起對方反感。至於第四個步驟，你不妨以非懲罰性的真誠方式表達情緒，例如憤怒。如果你處於失控、傷痛或極度憤怒的狀態，最好將這四個步驟拋諸腦後，只需講述你的故事。大發脾氣會使許多人疏遠你，但只要你沒有惡意，也許其他人能理解你。

以下是實踐這四大步驟的例子：

一、你剛剛說對邊境的離散家庭沒有意見，原因是儘管你知道他們受到嚴厲的對待，但他們違反了法律，而且你希望分散的威脅能阻止移民到來，這對你的安全感而言是很重要的事。

二、不過，我發現有將近三分之一的移民在邊境合法地出現，並根據聯邦法申請庇護，但他們依然被拘留和隔離，甚至沒有機會請律師或召開聽證會。我聽過他們的一些故事，了解他們為什麼要逃離自己的祖國——我聽到的三大原因是幫派暴力、政治暴力以及因乾旱造成作物歉收而導致的飢餓。有一位婦女說，即使她知道自己可能無法入境，但她依然願意走幾千英里的路。她說，她祈求川普會改變主意，因為她被迫回到祖國後，恐怕性命不保。

三、所以，我認為有些家庭在法律允許的範圍內尋求庇護，但他們被貼上了罪犯的標籤。他們承受著家庭支離破碎的折磨。我覺得你太在意自己的安全感，反而忽略了他們的安全。

四、我一想到年幼的孩子被迫離開父母後，他們會感到多麼害怕和痛苦，我就會思考：萬一這種事發生在我和孩子身上，或發生在你和孩子身上，我會有什麼樣的感受？我一定覺得很難受。我擔心這種事對孩子的長遠影響，尤其是年紀還小的孩子；他們離開幾週或幾個月後，甚至認不出自己的父母。即使有人試圖非法入境，我認為從他們身邊帶走孩子是殘忍的事。我認為這種行為並不能證明待人方式是正當的。

立場聲明適用於與朋友、家人及同事的口頭對話或書面交流，也在市政廳或面對面的會議中對當選官員大有裨益。如果你是感興趣的選民，就會了解選舉人對某項議題的立場，因此立場聲明的第一步驟不言而喻。至於立場聲明的其餘部分，可以是有力的陳述：你認為當選者忽略了什麼，以及你相信什麼，接著推測當選者執意制定糟糕的政策後，會發生什麼事？你的推測可以涵蓋對公眾和當選官員的負面影響，例如在下次選舉中失敗，或使擁護者加強策略。

簡短的立場聲明

在你還不了解對方的觀點之前，如果對方問你對某個話題的看法，你可以發表簡短的立場聲明，不要採用上述的四步驟聲明。接著，你試著推測：假設某項政策得以實施，將會發生什麼事？

醫療保健：考慮到加拿大和歐洲的全民醫療保健費用比我國更低，而且這些國家的人民更健康，我預估只要我們也有類似的制度，就能得到同樣的結果。如果我們沒有全民醫療保險法案（Medicare for All），我認為醫療保健會變得愈來愈貴，而無數人只能將就，並過早辭世。

遺產稅：我以為減少遺產稅能讓我多存點錢。後來我發現，除非去世時的遺產至少值一千一百萬美元，否則不須付遺產稅。這不包括我！（簡單的聲明足以讓對方了解到，遺產稅只適用於超級富豪。）

川普的任職資格：想像一下，川普的支持者問你：「你到底對川普有什麼不滿？我的意思是，他贏了。為什麼你就不能看開呢？」（我知道你有一百個不能釋懷的理由，但你只需要提出一個即可。以下是以暴力引起的分歧做為例子。）

我認為，總統需要具備的重要特質是能夠將國家團結起來。我記得九月十一日後，布希總統說我們需要制止恐怖主義，但他也說回教是和平的宗教，而回教徒是我們的兄弟姐妹，也是我們的美國同胞；我們應該尊重他們，因為我們身為美國人的崇高使命是接納彼此。

我對川普當選總統的事實感到心煩，因為我發現他沒有把人民團結在一起，反而挑撥離間、煽動群體暴力，例如在他的集會上，有人大喊說邊境的移民應該被槍殺，而川普的反應是大笑。我看過他帶領人民呼喊助長憤怒和仇恨的口號，指示人民毆打、甚至殺害抗議者，還建議歐加修—寇蒂茲（AOC）和伊爾汗·奧馬爾（Ilhan Omar）等國會議員滾回家鄉。

他也把一些群體混為一談，說他們是令人害怕和憎恨的「壞人」。我看到一部影片的內容是女子叫拉丁裔男子回到墨西哥，因為她認為拉丁美洲人都是強姦犯。男子問她為什麼覺得他是強姦犯時，她表示是川普總統說的。匹茲堡猶太教堂和紐西蘭清真寺的槍手都說川普啟發了他們。我還發現新納粹主義分子叫他領袖，並向他行納粹禮[2]。領導人，也就是總指揮，當他們把整個群體當成威脅時，我認為此舉是鼓勵其他人霸凌、攻擊、甚至謀殺該群體，使我們的國家四分五裂，並違背民主政體的本質。我認為川普總統利用自己的職位助長仇恨，因此他不適合當總統。

你可以在這本書的網站上找到其他主題的立場聲明。

先入為主的說教陷阱

在網路上的社區論壇，有關於如何回應遊民營地的熱烈討論，而我的立場聲明帶有先入為主的偏見，使我陷入了麻煩。有些人發表針對遊民的仇恨言論，有時甚至希望他們生病。其他人的恨意沒那麼明顯，但我認為他們漸漸把自己視為遊民危機的主要受害者。

在討論初期，我坦白支持營地存在權，但我也明白每個人對騷亂有不同的容忍度。我經過營地時覺得沒有危險性，也發現有些人害怕受到攻擊，尤其是殘疾人或老年人。此時，其他人也認同我的言論。然而，後來有人斷言大多數待在營地的遊民都是抗拒工作、從小被寵壞的人，他們選擇吸毒並生活在髒亂的環境中。我覺得很生氣，回應時不禁流露出優越感：

> 隨著無家可歸的人數增加，我發現愈來愈多有住處的人對他們妄加評斷——他們來自哪裡、變成遊民的原因、值不值得受到幫助、犯罪背景等等。通常，這些假設並不是根據事實，要不就是只從一小群遊民的行為一概而論。
>
> （目前沒什麼問題，我陳述了觀察結果及發現到的矛盾之處。）
>
> 考慮到柏克萊市的有限資源，我認同有必要對取得服務的人進行優先排序，就像醫院在天災期間對病人進行分類一樣。
>
> 不過，我認為不該區分「好遊民」與「壞遊民」是很重要的事。
>
> （砰！問題就在這裡：「我認為不該……是很重要的事」。這是一種消極對抗的說法，彷彿在說：「你們這些人把遊民貼上好人或壞人的標籤，都犯了道德上的錯誤。」）

2　敬禮的動作是右臂伸直並稍微舉起，手心朝下。

我們無法幫助的那些人在受苦。我認為否定他們的人性會漸漸破壞社會信任和關聯性，而此舉也許是這次危機及當代其他危機的根源。我們無法幫助所有人，但仍然可以選擇如何對待沒有受到服務的人：輕視或尊重他們。

我把自己的簡短說教當成信念，因此我認為不具防衛心理，但字裡行間帶有優越感（尤其是我以非對話的拘謹筆調表達，因此我給人的感覺很自大）。有一名女子立即指責我的同情心在作祟——暫且叫她琳達（Linda）。

我把事情經過告訴艾里森，她發現我忽略了有住處的居民本身的恐懼和擔憂。我在口頭上認同他們的顧慮——我知道應該要這麼做，而且我急著確認他們的想法後，就直接回到「優越」的立場。如此一來，我其實是暗中評斷他們不具備我擁有的高尚美德。優越感引導判斷，而判斷的結果導致疏遠和怨恨。

艾里森建議我道歉，但我不肯道歉，因為我認為其他人在論壇上的行為比我更糟糕。但她是對的，無論別人是否為他們的行為負責，我應該為自己的行為負責。

我為先入為主的偏見道歉，而琳達也有禮貌地回應我。我的道歉有助於緩和論壇上的不和諧氣氛。我道歉後的幾天，有幾個人對我表示謝意。我注意到雙方的措辭都變得和緩，在討論遊民危機的解決辦法方面更有創意，也為彼此的禮貌態度感到欣喜。這場「愛的聚會」持續了幾週，然後剛加入論壇的新成員開始互相攻擊，又將該議題的立場兩極分化，而我也不只一次陷入這種互動關係（令琳達很失望）。

此外，有趣的是我一開始處於不參與討論的邊緣，畢竟討論需要消耗不少時間。但我被引誘到一場權力鬥爭中，另一位參與者對我百般刁難。我不僅繼續參與該論壇，還開始留意相關的論壇，只為了反駁我認為是不正確或有偏頗之虞的論斷。這是關於我們受到攻擊時，如何堅持立場的個案研究。如果我想激勵川普支持者為川普的連任奉獻一生，我一定會留下激怒他們的言論。

琳達與我交流想法幾個月後，我在高速公路上開車，看到兩名男子想搭便車。他們在華氏九〇度的高溫下長途跋涉，背著笨重的背包，看起來汗水淋漓。我開著附設空調的福斯汽車疾馳而過時，沒有考慮過為他們停下來。我的理智告訴我，他們傷害我的可能性很小，但我的恐懼中心掌控了主導權。幾天後，我突然領悟到：如同我評判那些讓恐懼感凌駕於對無家可歸者的同情心之上的人，願意讓搭便車者上車的人也可能評斷我。而且，如果他們針對我的決定而對我指指點點，我一定會為自己辯解。

我們對道德標準與眾不同的人，或有負面性格特徵的人，都有自己的一套看法。我會妄加評斷那些我認為自私、無能、有偏見、傲慢的人，諷刺的是也包括愛品頭論足的人。其他人可能會批判思想封閉、意志薄弱、智商低、享樂主義或褻瀆神明的人。沒有最終的仲裁者能夠決定誰應該受到表揚，或受到譴責。如果你打算扮演仲裁者的角色，最後可能只是疏遠你評斷的對象。

你要做的事不是評判，而是觀察別人的看法為何與你產生矛盾，或別人的舉止為何害人害己。你可以提醒他們注意這一點，而不是一味地責備或羞辱他們。如此一來，你更有可能說服他們重新思考自己在這個小天地留下的印記。

偏執

一旦總統公開仇視有色人種，就會使從建國以來持續困擾和影響國家的問題變得更緊迫。但如果指責種族主義的方式缺乏技巧，只會適得其反。巧妙的引導方式是，先以同理心的角度傾聽白人正在經歷或害怕階級下降、想方設法找「外人」背黑鍋的顧慮和不滿——無論他們的理由是否正當。接著，你可以談談有色人種經歷過的生活故事，以及他們面臨的障礙和暴力；種族歧視對誰有利、對誰有害的信念宣言；對川普使種族主義者有恃無恐的方式表示關切。白人可以做的其中一件要事，就是對外公開自己的內隱偏見，並學習如何辨別和抵制偏見。每個人都處在人生旅途的過程中，世上沒有完美的人。

種族主義者受到抨擊和嘲笑時，他們不會幡然醒悟，只會心生怨恨，而我們最不需要的就是引起更多白人怨恨。在艾里森主持的研討會上，有一名年長的黑人女性說，她這一生看過許多好心的白人指責種族主義者，然後又看到這些種族主義者把內心的憤恨發洩在有色人種身上。她懇求我們不要把別人貼上種族主義者的標籤，而是要鼓勵別人參與相互尊重的對話。

激起別人陷入防禦狀態，會使他們更堅持原本的冒犯性看法。回想一下態度矛盾的川普選民辛蒂・基瑟：她提過自己對種族主義者這類標籤很反感，但她也意識到白人特權的現實面和危害。標籤的問題在於有一種微妙的暗示：把別人貼上標籤的人更勝一籌，傳達的意思是：「我不是種族主義者，但你是呀。」然後，遭到指控的人會否認自己是種族主義者，藉此捍衛自己的人格。如果他們不明白自己的言詞為什麼有種族歧視的含意，談話就會偏離正題。假如你交談的對象鄙視種族主義，並努力避免變成種族主義者，他們會覺得被貼標籤很丟臉，並專注在維護自我形象，忽略了自己對有色人種的影響力。

最後一點，人被貼上種族主義者的標籤時，沒有學到任何東西。他們可能會把種族主義與戴著白頭巾或向希特勒敬禮的行為聯想在一起。也許他們不熟悉結構性種族主義、內隱偏見等概念。有時，我們很快就把冒犯性言論貼上種族主義的標籤，而不是花時間解釋對方說的話背後有什麼原因，及其如何延續白人至上主義的歷史與文化。

「罵別人是種族主義者、性別歧視者、仇外者，對你沒有好處，」史丹佛大學的社會心理學研究中心（Social Psychological Answers to Real-World Questions Center）常務董事阿拉娜．康納（Alana Conner）說：「這是一種有威脅性的訊息。我們從社會心理學了解到的其中一件事就是，人感覺到威脅時，很難改變主意，也不願意傾聽。」她接著說：「我們應該努力使這些人安心，讓他們知道自己受到尊重，想法也有人聽。」

你不必把對方貼上種族主義者的標籤，也不必斥責對方不了解白人特權，就可以質疑種族主義的信念。怎麼做呢？問一些你想知道的問題，然後分享一些故事（很像領導力實驗室拉票員做的事），或發表PNDC立場聲明。如「白人盟友工具包」的創造者坎普特所說的：「有效的白人盟友要克制的自然傾向就是，別抗拒發現自己與種族主義懷疑者的共同目標。要試著去理解影響各方看法和行為的不同因素。」他指出，就像有色人種在不同場合說話時有「語碼轉換」[3]的現象，白人盟友與「覺醒」程度不同的白人說話時也應當有相似的轉換。

《白人的弱點》作者羅賓．迪安吉洛提供白人類似的建議，讓他們回饋給其他白人。為了避免引起反感，他建議以擁有白人特權或抱持偏見的主題展開對話，並講述一個人如何開始有獨到的見解並對自己負責任的故事。「最後，我放棄改變對方的想法，」他寫道：「我的行為是基於本身對正直的需求所驅動，而不是為了糾正或改變別人。」（諷刺的是，「白人的弱點」概念在當今有時被誤用成嘲弄和羞辱無知白人的代名詞，任何智人都會對此做出自衛的反應。）

同理，回到有挑戰性的做法：站在對方的角度思考。種族平等的活動籌辦者塔索．路易

3　在對話中交替使用一種以上的語言。

斯・拉莫斯（Tarso Luis Ramos）和中川（Scot Nakagawa）說得很貼切：

想順利爭取到容易受呼籲影響的人關注，反種族主義的行動主義白人十分重要。我們也應該謹記：白人民族主義運動是一種身分認同運動。愈來愈多白人意識到白人的身分遭到攻擊，因此我們要認真看待這一點。年長的白人選民似乎強烈地感受到這種威脅可能反映出世代相傳的束縛價值觀，但這或許也表明許多人隨著年紀增長而體悟的脆弱感。

良好的組織方式是你努力了解別人的想法，而不是強迫別人接受你的想法。此外，這種方式注重被組織者的自尊心，比較不注重組織者的自尊心。這不是一場決定優勢的競賽，而是為所有人爭取經濟正義和社會正義的戰鬥。

想想有色人種排斥種族主義的方式，我能理解像我這樣的白人進行「語氣管制」時，某些有色人種會發怒的原因。他們感受到的重擔是除了要顧慮白人的脆弱一面，還必須應付其他事。我的意思是不妨提供另類選擇，讓有色人種能決定要不要嘗試。我不能體會有色人種在白人至上主義社會生存，是什麼樣的感覺，因此我不是在為他們開處方，而是提出發人省思的問題。我也尊重有色人種將這類困難的事「外包」給白人的需求。

如果你對川普崛起後散發的公然偏執氣息感到有威脅性，請不要強迫自己與有嚇唬或冒犯態度的人交流。某些有色人種和LGBTQ人士還是會決定交流，但其他人合理地認為這類活動不適合他們。有興趣參與對話的人可以參考下一章，有一些訣竅是關於如何保持界線，能保護你的人身安全與情感上的安全感。

尊重

有人說出或做出傷人的事，配得起我們的尊重嗎？不一定，也不代表我們應該殘酷地對待他們。艾里森說：「我不認為我們必須為了表彰一個人的人性而表達敬意。表彰人性的方式可以是誠實又直接的簡單行為，同時沒有貶低對方的意圖。對受到壓迫的人表示同情，而不是試著懲罰壓迫者及其支持者，能使我們產生更大的影響力。」

然而，憤怒是對壓迫手段的有效反應。如果你很生氣，不妨從感到受傷的部分談起。如果你的目的是懲罰對方或說服對方改變想法，而且你表達的看法帶有尖酸刻薄或冷酷的語調，則會引起對方反感。如果你讓他們了解你的創傷（或你為其他人的創傷感到痛苦），對方更有可能改變心態。如果你為了報復而傷害他們，他們的唯一反應就是產生防備心。

《華盛頓郵報》問眾議院議長南西．裴洛西是否敬重川普時，她巧妙地迴避，佯稱：「我敬重他擔任的職務，也敬重他委派一些人到政府機構。我覺得，我比他更敬重政府機構，想想看他任命誰去做那些職務吧。」她接著指出：「川普缺乏關於我國的共同價值觀，也不尊重個人的尊嚴和價值。」她以高人一等的口吻作結，宣稱民主黨人不會淪落到像他這般地步。

她沒有直接回答是否敬重川普，但顯然答案是否定的。如果有任何疑慮，想想看她在二〇一九年的國情咨文如何傲慢地回擊吧。反之，她批評川普任命害群之馬，並認為自己在價值觀、對總統職務的態度及尊重方面更勝一籌。她本來可以更直截了當地說：「我的價值觀與我印象中的川普總統非常不同。我經常看到他的言行舉止不尊重其他人和民主政體的尊嚴與價值。基於這些原因，我不敬重他。」

到頭來，無論你是否想在價值觀令你厭惡的人身上尋找值得尊重的部分，都算是深刻的個人抉擇。但即使你無法尊重對方，也不需要以藐視的形式打擊對方。

十大技巧

一、**給予回饋時，避免出現誇張的手勢和臉部表情**。分享資訊或看法時，語氣要保持鎮定、放鬆。分享個人故事時，流露真實的感受是合適的做法（你可以在這本書的網站上觀看艾里森發表立場聲明的錄音）。

與你說出的話相比，掌控肢體語言似乎不足掛齒，卻十分重要。我在搖擺區拉票時，遇到了一位川普支持者，他告訴我有多麼重視榮譽和正直。我的腦海中開始浮現川普在正直方面的缺失，但我很努力不露出猙獰的表情。男子說到一半就停了下來，然後以不甘心的語氣說：「妳不認同我說的話。我從妳的眼神看出來了。」我那時才意識到，雖然我維持不動聲色的神態，目光卻空洞地盯著他的頭部。我已傳達了明確的輕蔑之意。哎呀！

二、**超越黨派偏見**。如果你是民主黨的忠實擁護者，也許你很難承認歐巴馬、希拉蕊等偶像犯錯、行為失檢或不能履行競選承諾。承認他們的缺點，可以讓對方覺得你是值得信賴和思想開明的人。反過來說，為他們反擊批評會使反對當局的中間選民更懷疑民主黨根本不在乎他們那群人。

除非有人刻意提到川普，否則最好不要回擊。以我為例，光是聽到川普的名字就能引起我的情緒波動，使我容易發火。有人問過我對川普有什麼看法，我說：「他不在乎我這種人。我覺得他只關心自己。」她贊成地點頭，然後說她考慮過在二〇一六年投給川普，但後來很慶幸沒有這樣做。

三、不要嘲笑人。嘲笑別人的看法、癖好或生活方式，會產生反效果。無論如何，不要取笑別人的飲食、職業、信念、地位、愛好（包括槍械、賽車、越野型沙灘車）、心理問題、容易上當、外表或對總統的忠誠度（我不記得有多少自由主義者批評過歐巴馬驅逐的移民比小布希多，以及在無人機襲擊事件中殺害了數千名平民，但我覺得他們罵得好）。保守主義不是一種精神病。貧困的白人不是廢物。「飛越之地」是許多人心愛的家園。

無論川普多麼惹人厭，也不要嘲笑他。我們生活在注重外表的文化中，許多人不惜一切代價，也要掩蓋衰老和身體發胖的跡象。罵川普是肥胖的奇多餅乾，不僅是不友善的惡意攻訐，也偏離了重點。

四、放輕鬆。回想一下你最近參與過的政治爭論。你們之間的氣氛如何？很自在、放心，還是火藥味十足、緊張？你能不能理解別人說的任何事，或者你會不會因為擔心證實他們的觀點是對的，而無法產生共鳴？我們表達立場的方式會營造出一種氛圍，而這種氛圍可以放大或協調不一致之處。放慢速度，停頓一下，說話前三思，不要急著操控結論，畢竟這只是一生中的某次談話，也不太可能改變歷史的軌跡。放輕鬆吧。

五、避免說有「朕」意味的「我們」。有時，這是難以避免的說法，但一般人經常說的「我們」其實是指「我」、「政府」或「大眾」。說「我們」是以對方不贊同的方式微妙地暗示，因此會引起對方的戒心。「我們」也是一種消極對抗的說法。舉個例子，假設我說：「我們需要投入更多心力，才不會相信種族主義的刻板印象。」這句話的「我們」是指「你」（因為我是開明、反種族主義的高等生物），這代表我在消極反抗。

六、不要挾怨報復或尋求集體霸凌。試著「對事不對人」，沒有人喜歡變成人身攻擊的標靶。不要指責別人不理性、不合邏輯、情緒化、違背事實、固執或輕信。找機會好好理解對方——請記住，同理心不代表意見一致或贊同，也不需要你付出任何代價。

七、承認沒把握和不懂。如果你不太了解討論的主題，不妨說：「我對這個話題不太熟悉。我應該好好研究一下。」有時，你不認同對方的說法，但你不能肯定確切的原因，就只是感覺不對勁。如果你一時語塞，不妨跟對方說你想先思考一下再回答。

八、你不一定要贏。我經常覺得自己要占上風，或至少消耗對手的精力，爭著說最後一句話。你表明自己的立場後，喋喋不休並沒有好處。如果你認為先讓對方理解你的想法，下次再繼續對話比較有成效，那就這樣做吧。如果交談對象是你以後不會再見到的人，你可以讓談話順其自然地發展。即使你無法預測未來，但你有可能種下一粒種子，在未來的施肥下發芽成看待事物的新方式。先說出你的觀點，然後保持沉默；否則，準備開戰。

九、如果你搞砸了，道歉吧。在交談的過程中，你難免會「說錯話」，語調或臉部表情也可能使對方警覺起來。你可以直截了當地說：「抱歉，我剛剛用主觀判斷的方式說那句話。」或者說：「對不起，我剛才說的話惹你生氣了嗎？」謙卑對於消除隔閡大有助益。

十、敞開心胸。如果你與別人交談的唯一目的是說服他們相信你是對的，他們終究會察覺到。仔細想想，封閉性思維很荒謬——如果有人提供可靠的情報和分析，讓你了解某項政策比另一項政策更符合你的價值觀，那麼你何不改變想法？馬克．吐溫說得很貼切：「保持開放的心態，使人有機會拋磚引玉。」

第六章 保持鎮定

說真話並不是為了懲罰。

——一行禪師（*Thich Nhat Hanh*）

本章節示範如何以ＰＮＤＣ風格展開關於移民的對話，包括一系列出於好奇而提出的疑問、聲明及預測。仔細觀察對話例子中，ＰＮＤＣ練習者如何避免直接反駁對方的說法，才不會導致有防禦性的來回爭辯。反之，練習者為了確保自己能理解對方說的話，先收集資訊，再陳述自己的立場。另外要注意的是，並非所有說明都適合制式化的四步驟立場聲明法，因為不適用的說明會讓人覺得奇怪又討厭！當你覺得已經收集到足夠的資訊來理解對方的經驗和推理方式，也確定對方的觀點與你之間的關鍵差異時，四步驟立場聲明法就很合適。

如果要我把整個過程歸納成一句話，那就是：**觀察對方相信、思考及感受的獨特方式，並告訴對方你相信、思考及感受的獨特方式，但不要努力說服對方相信你是對的。**

在策劃這場對話的過程中，艾里森與我一次又一次發現迴避議論事實有多麼重要，卻又很困難。雖然有些事實交織在一起，但我們在運用資料方面很審慎，也盡量以減少資訊戰可能性的方式提供資料。

關於移民的對話

移民是一項很複雜的議題，需要討論的內容涵蓋經濟、社會、外交政策及深奧的道德問題，才算是充分且公正的判斷。然而，無論對方反對移民的看法有何依據，或者是否與犯罪、恐怖主義、本土主義、勞動力市場的影響有關（有些左派經濟學家也擔心此問題），試圖在一次談話中涵蓋各方面，將會削弱你分享觀點的能力。

芭芭拉．喬丹（Barbara Jordan）是民權偶像，也是國會首批黑人女性之一。她譴責了把移民當成代罪羔羊的做法。但她早在一九九〇年代警告說，如果移民入境沒有受到充分的限制，本土主義者就會奮起要求封鎖邊境。我們正經歷著喬丹預測的本土主義者反彈狀況，這帶來了非常複雜的法律、政治及道德問題，包括如何在不激怒或不屈服的情況下，應對本土主義者的怨恨問題。喬丹認為妥協是為了保護移民和本土勞工不受最壞情況影響的道德需求，但這個結論是將邊境的整體概念視為充滿道德風險，令我難以接受。喬丹在移民改革委員會制定議程之前就去世了，而她辛苦創建的觀念架構也隨之瓦解。

以下的對話是假設你與討論的夥伴（艾倫）都是土生土長的白人公民，你們都不是專家。對話中的聲明只做為示範用途，不一定反映出我或艾里森的觀點。

你：移民入境是有爭議的問題。如果你願意，我想試著理解每個人的背景，而不是陷入爭論。

艾倫：當然願意。我認為移民問題很複雜。研究少數人沒問題，但我們得確保邊境安全。我不在意是否用一道牆或其他方式執行，但這是一定要做的。我認為問題在於，自由主義者想開放邊境是因為能為民主黨人帶來更多選票。他們對非法移民犯下的罪行和從事的工作視若無睹。

你：你剛剛提到的，哪一點對你來說是最大的問題？

艾倫：我覺得最大的問題是工作。非法移民奪走了幾百萬份失業公民原本可以做的工作，而且他們私下工作時，導致工資水準下降。

既然艾倫已經確定勞工失業和減薪是關鍵問題，那你們就可以圍繞這些話題，把他提到的其他議題拋諸腦後。假如你試著探討所有問題，談話就會缺乏條理，甚至爭辯激烈。

你：你從哪裡得知移民入境對本土勞工的影響呢？

艾倫：新聞報導說的。我看到休斯頓市有大批外籍勞工湧入。事實是，非法移民接受較低的工資時，就會導致業界勞工的工資和勞動條件下降。因此，這些工作成了「屎缺」，一般美國勞工當然不感興趣。唯一的解決辦法是阻止非法移民流動，然後雇主就被迫提高工資，以期吸引美國勞工。魚與熊掌不可兼得，所以你選哪個——開放的邊境，還是薪酬優渥的工作？

你：如果沒有移民在這裡非法工作，你覺得工資會調漲多少？

艾倫：我不知道，但應該有人能算出來。不只是非法移民——我的意思是，你可以赦免他們，然後他們突然變成合法的居民，但他們還是會願意為「香蕉價」賣命。

你：除了移民入境，你認為還有其他因素導致工資停滯嗎？

艾倫：應該有吧。我是指，所有企業都要處理法規和稅務，可能會因此減少付給勞工的薪水。

你：你認為提高基本工資能解決工資停滯的問題嗎？

艾倫：現在的基本工資是多少，七美元二十五美分嗎？我為那些靠著這點錢過活的人感到難過，但是一旦基本工資調漲，有些公司會倒閉。遺憾的是，有一份糟糕的工作總比失業好。

眼下，提高基本工資是否會增加失業的問題，尚待解決。

你：我根本無法想像每小時賺七美元二十五美分要怎麼過活。對一個有孩子的成年人來說，全職工作的薪水甚至低於貧窮門檻。我也納悶，一般父母怎麼買得起孩子的新鞋？而且，不只是領著基本工資的勞工生活貧困，連睡在車子裡的兼職老師也一樣，所以中產階級也會受到影響。

艾倫：對呀，有很多麻煩。這就是為什麼解決移民入境的問題非常重要。移民只會讓糟糕的情況變得更糟。

你：我覺得你說的沒錯，比如很多移民在國內從事農業工作，工資低於標準，但他們很渴望工作，也擔心自己開口抱怨後會被驅逐出境。我也對此不滿。我不希望想找廉價勞工的雇主推動移民政策。

也許你現在想說更多關於虐待農場工人、氣候混亂及殖民主義的事。然而，一旦你說出口，就變成推翻艾倫發現的問題，他可能會反駁。你可以做的是從艾倫發現的勞動力市場衝擊開始討論，然後解釋你如何看待該問題。

艾倫：我也這麼想。我想說的是，如果對所有想來美國的拉丁美洲人開放邊境，他們一定會接受眼前的所有低技術工作，因為他們願意為更少的報酬工作。即使基本工資提高了，他們還是會損害公民的利益。你覺得該如何防止這種情況發生？

你：我對這些事沒有充分的了解，但我想到幾個可以預防這種情況的方法。一個是讓他們取得工作許可證，合法地在國內工作，這樣雇主就不能輕易地利用他們了。另一個我覺得有幫助的方法是制定法律，用來保障工會爭取到更佳工資與勞動條件的組織能力。還有一項需要重視的因素是工作的離岸外包和自動化，這使許多人很快就失業了，非常可怕。其他國家大約有一千四百萬人在美國的境外工廠工作，他們可能拿不到任何報酬，也享受不到福利。一千四百萬人耶，比非法居住在這裡的移民還多！我的猜測是，低薪的海外工廠勞工對藍領就業市場的影響，可能比移民更大。我聽過經濟學家說，讓勞工保有飢渴感以及維持至少五%失業率是使經濟穩定的理想辦法，但他們說的穩定是為了誰呢？我們的國家很富有，卻有不少人生活艱苦。錢都花到哪裡去了？

艾倫：嗯，這是個好問題。我可以告訴你這些錢的流向：用來支援非法移民把孩子送到我們的學校，享用免費的午餐和醫療資源。我們只是不斷掏錢。我能理解慈悲為懷的心態，但總該有個限度。也許我這樣說，聽起來像壞心腸的人，但我認為必須先保護主隊。

關於非法入境的移民能得到多少政府福利的話題，留到下次討論吧。（冷酷的事實：非法移民為社會安全保險付出幾十億美元，但根據現行法律，他們無法享有相關福利。）

你：艾倫，我不覺得你是壞人。你對許多美國人面臨的金融問題有不少合理的疑慮。我也一樣。只不過我們的不同看法在於造成問題的原因，以及如何解決問題。

現在，你可以實踐四步驟的聲明：

第一步：積極聆聽

你剛剛說問題在於移民的工資很低，有時甚至低於基本工資；如果移民不在美國工作，雇主就會調漲工資，而公民也願意做這些工作。你認為解決辦法是盡量把移民排除在勞力市場之外，這樣他們就不會與美國勞工搶飯碗，也不會壓低工資。我也聽到你說，即使基本工資不足以維持生活，調漲後卻可能使公司倒閉，也使職員失業。

第二步：說出矛盾之處

不過，我也聽說很多關於美國農民的人力需求得不到支援的消息。在加州的某些地區，農民願意支付高於基本工資的薪酬，但當地人依然不願意當農工。佛州和北卡羅萊納州的一些農民說，如果他們不能雇用移民，就會破產，因為公民不願意做繁重的工作。乳品業者也表示，一旦移民的勞動力被削減一半，幾千家乳品店將面臨停業，而牛奶的價格也會飆升。

第三步：得出結論

我認為將移民拒之門外可能會使美國農民招募不到員工，將對我們的糧食供應造成嚴重的影響。

回到第二步：說出矛盾之處

在調升基本工資的議題方面，我看到的是企業利潤創歷史新高，但工資沒有相應提升。

回到第三步：得出結論

考慮到高收益，如果企業調升工資，我認為企業不太可能會倒閉。只要不提高基本工資，勞工就只能忍受著低薪和物價飛漲的無奈處境。

同時，許多執行長領著幾近天價的薪水，而股東獲得可觀的利潤。我認為這些錢是從員工的口袋裡掏出來的，畢竟是他們努力工作才創造了收益。

第四步：你的回饋

移民被指責是這些經濟問題的根源時，我感到不滿。我希望他們付出的一切都能受到公平的對待，比如幫我們把食物放到餐桌上。我認為指責他們是在分散大家對實際問題的注意力：最富有的一％人口愈來愈富有，而窮人和中產階級愈來愈窮。我認為政治家和媒體談論移民入境的方式不但是有意挑撥離間，也有意激怒許多人，而不是幫助我們團結起來尋找解決辦法。

我認為解決辦法是制定政策，讓每個人享有更高的工資和勞動條件，並修改限制公司外包工作的稅法。一想到美國是世界上最富有的國家之一，卻有許多家庭一邊做著全職工作，一邊過著貧窮的生活，還要擔心工廠會搬到中國，或擔心工作被機器人取代，我就怒不可遏。

至於阻止外籍勞工降低工資，我認同總統小布希提出的想法：「給他們簽證，他們才能合法入境，也更可能賺得基本工資並納稅。」

第五步：預測

如果我們繼續指責移民，並忽視經濟問題的根源，我認為我們可能會面臨嚴重的經濟崩潰。如果能更改我剛剛提到的人力和稅收政策，我認為人民能享有更高的工資和工作保障，國家也能收留大量移民。

艾倫：如果農場需要農工，就順其自然吧，但這不代表要開放一切，把美國變成墨西哥。你說的好像只是想開放邊境。民主黨人都希望開放邊境，這樣外國人就可以入境成為美國公民，並投給民主黨人。

艾倫提出了兩個新話題（開放邊境和拉丁裔選民）：

你：我認為開放邊境是牽涉到道德與政治的困難議題。我對此有矛盾的想法，而且我自己家庭的移民故事也與此有關聯。我愈深入思考移民入境，這項議題就顯得愈複雜。我記得你也說過這項議題很複雜。

艾倫：對，我們的想法一致。但我說過民主黨政治家只是想吸引更多民主黨選民，你對此有什麼看法？

你：你認為這是激勵所有民主黨人或某些人的原因嗎？

艾倫：也許不是所有人，但一定包括掌權的人，例如南西．裴洛西、歐加修—寇蒂茲。他們通常不擇手段。

你：我相信任何團體中都有正直的人和不正直的人，民主黨人和共和黨人也不例外。雖然我不知道是什麼在激勵不同政治人物，但如果我是一位憤世嫉俗的民主黨政治家，不真誠關心移民，目的只是獲得他們的選票，那麼我覺得開放邊境並不是致勝策略。如果政治家現在允許更多移民入境，這些移民要等到成為公民後才能投票，這至少需要花五年的時間。同時，可能會出現反對的聲浪，使民主黨人在二〇二〇年失去選票，得不償失，甚至可能在二〇二〇年的選舉中失利。我對移民入境的看法是基於想設計切實可行的移民方案，而不是預測移民成為公民後會投給誰。

艾倫：有道理。但說到底，你支持開放邊境嗎？

你：我想再考慮一下。你願意改天和我繼續討論嗎？

艾倫：可以呀。

你：能和你一起討論這些議題，對我來說很重要，至少我們能互相交流。

這本書的網站上還有更多其他關於移民的對話和立場聲明範例，包括開放邊境、本土主義、犯罪及恐怖主義。

解決紛爭

你與不太熟的人談論政治時，先打破沉默再投入談話的方法很有幫助。拉票員通常會先詢問受訪者最重視的是什麼，盡量引導他們訴說個人故事。傾聽並認同別人的疑慮，可以創造出一種幫助雙方緩和分歧的融洽關係。

陷入僵局時，你問一些感到好奇的問題可以協助彼此找到共同點。假設你的交談對象堅信移民要為困擾城鎮的經濟問題負起責任，你可以問：「除了鎮壓非法的移民入境，你認為還能做哪些事來幫助城鎮重振旗鼓？」

有時，你可能會發現自己處在艾里森所說的「流沙」狀態：一連串疑問有意或無意地透過轉移焦點或來龍去脈來控管對話，比方說艾倫突然指責民主黨人想藉著開放邊界來增加支持者。以前有一個反對同性婚姻的人問我：「你贊成同性婚姻，那我也可以贊成亂倫？我也可以贊成戀童癖？還有人獸交？」他試著表明同性婚姻會使社會朝著有害的禁忌性行為發展。於是，我問他是什麼促成這種因果關係。

但試著回答一大堆類似的疑問，會使你偏離原本的立場焦點，彷彿你困惑地陷入流沙。你也可能因此感到沮喪和惱怒，好奇心轉化為憤怒。你變得氣憤難平、困惑或無助，已無法繼續談下去。

如果你感受到流沙的狀態，不妨設定界限，明確說明你願意和不願意討論什麼內容。我當時可以說：「我不想把話題從同性婚姻轉換到亂倫，因為我認為這兩者之間沒有關聯。如果你有興趣聊同性婚姻，但不增加亂倫之類的議題，我就願意繼續跟你聊。但如果你不願意的話，我就不想繼續聊了。」假如他嘗試說服我，我可以守住界限：「我心意已決，不想再討論了。」

另一種修辭的風險是「那又怎麼說」論——轉移當前的議題焦點，或指責對方虛偽。當川普將矛頭指向安提法（Antifa）運動[1]，藉此淡化白人的民族主義暴力時；當氣候否定者抨擊艾爾·高爾的碳密集型生活方式，藉此敗壞氣候科學的聲譽時；當福斯新聞主持人問伯尼·桑德斯，既然他那麼渴望向百萬富翁徵稅，為何不自願繳納更多稅款時，就出現了「那又怎麼說」論。在網路上的社區論壇，我經常遇到「那又怎麼說」論。有些人表示，如果我不願意讓無家可歸的人睡在我的沙發上，我就沒有資格倡導城市對他們的人道待遇。

有時，附加的話題有相關性。如果你覺得符合題旨，但又不太確定，你可以問對方新話題和原本的話題有什麼關聯。接著，你評估對方的回答並據此繼續聊下去。如果對方指出你的立場可能有矛盾，你可以思考一下他說的矛盾是否真的會讓你的立場受到質疑，還是他只是使出操縱策略。如果是後者，你大可直接表明你的想法。例如，桑德斯當時可以說：「你的意思是，我繳的稅比現行法律規定的更少，所以我提出更高的稅率就不值得參考嗎？」

盡量別採用「那又怎麼說」論來低估對方的顧慮。例如，有人對川普的肖像遭到斬首感到憤怒，此時不要急著說：「歐巴馬的肖像被處以私刑，更慘！」換個方式，你可以說：「雖然我對川普有意見，但我不贊成對任何人實施喪失人性的暴行，也不鼓勵暴力。我認同你說的，那確實是個問題。我記得歐巴馬的肖像之前被處以絞刑時，我為他感到驚恐又害怕，尤其是想到美國的私刑歷史。」將假仁假義的議題與你的思考過程聯繫起來後，你就可以引導對方比較和對照自己的反應，別指責他們有雙重標準。

另一個常見的問題是，對方一口氣說了一大堆事情後，你要怎麼記住他們說的每一句話並回應呢？簡單來說，你不必這樣做。你可以針對其中一個論點做回應。

一般而言，如果對方說話的方式讓你產生戒心（明顯訊號：耳朵發熱或大腦無法思考），直說無妨。你可以說：「我發現你說話的方式（非常快／很大聲／聽起來很生氣），讓我很難聊下去。如果你跟我說話的方式可以（更慢／更冷靜／更恭敬），我覺得我們會聊得很開心。但如果你做不到，我就聊不下去了。」如果你發現自己有需要克服的防衛心，你可以說：「抱歉，我感覺到自己有防守的反應。我可以重講一遍嗎？」

上述的類似邏輯錯誤通常是無意間產生，就像認知錯誤一樣。我們可以在不指責對方有惡意的情況下，搞清楚他的意圖並達成共識。

---

1 反法西斯主義、反種族主義的左派政治運動，由沒有領導者的反抗團體推動。

你們的談話結束時，也許是以模稜兩可的語調作結。別指望他們說：「天哪，我現在才知道川普是不誠實又危險的超級掠奪者。他的滑稽詭計製造的煙幕背後，是白人至上主義者和寡頭政治家加強對政府的控制。即使他們撤銷了這種控制，我也絕對不會再投給川普。」你已經給對方思考的機會，這就足夠了。別以「抓到錯誤」的說法破壞氣氛。反之，要感謝對方與你交談，即使你不認同他們說的話也一樣。

如果對方重述立場時，沒有添加新的觀點，那麼你不必重新講一遍自己的想法，以免陷入來來回回的爭論。你可以說：「該說的，我都說了。我不想強迫你認同我的想法。這是有難度的話題，我們能夠傾聽彼此的觀點，對我意義重大。」

如果你覺得對話是以掃興的口吻結束，不妨說一些輕鬆愉快的話，例如：「哇，我們總算釐清問題了，對吧？」或者，你可以坦白指出緊張的氣氛，然後說：「我不希望這場對話是以不愉快的感覺結束。」許多人「尊重彼此的不同意見」，但這也意味著消極對抗的痛苦。

反抗偏見的界限

那如果你遇到明顯的偏執狂呢？假設他是陌生人，而且表現得咄咄逼人，你要先確保自己的安全，並想辦法遠離他。如果你看到其他人被騷擾或遭到威脅，可以向提供「旁觀者干預」訓練的組織尋求幫助，例如哈拉巴克（Hollaback!）組織。

如果對方是你認識且感到放心的人，你可以問他產生敵意的原因，然後發表你的立場聲明。你還可以告訴他，聽到別人對你（或你認識／愛的人）表達恨意或偏見後，有什麼樣的感受；對你的生活有什麼影響；為何你很難／決不與喜歡貶低別人的人相處。你可以換個話題。你們沒有必要爭論，因為你已經講真話了，就看對方有沒有聽進去。如果他堅持發表冒犯性的評論，你可以告訴他繼續說下去太傷感情了，或者乾脆離開現場。

回應階級歧視

如果你是藍州的自由主義者，難免會遇到有些人說出「紅脖子」、「白色垃圾」等帶有階級偏見的貶稱。你可以問他們：「你說別人是紅脖子，是什麼意思？」他們可能會回答：「就是無知的種族主義者。他們有槍和小卡車，還投給川普。」然後你可以說：「我本來也認為你的意思是這樣，但我不確定。跟你說喔，我以前也叫過別人紅脖子。我把他們和紅脖子混為一談，也有很多負面的假設。後來我才知道『紅脖子』這個詞是指農民或其他在戶外工作並曬黑的人。所以，我現在會試著克制自己，不依據別人的教育程度、居住地或從事的工作來假設他們的為人或看法。我不想把川普的總統職位歸咎於勞工階級的選民，更何況投給他的人以中產階級和富人居多。」

如果有人發表「貧窮文化」（通常是種族歧視）的階級歧視刻板印象，你可以問他們這種觀念的依據是什麼，然後提及一些研究或故事來揭露迷思。

PNDC有效嗎？

如你在本書中讀到的，有許多例子都是從非對立的溝通方式迎向深刻的轉變：仇恨團體的行動主義分子退出運動；邁阿密的男子感謝跨性別的拉票員來訪引導；威斯康辛州的川普選民聽完猶太裔婦女訴說的疑慮後，決定不投給共和黨人。

但在一般情況下，真正有效的並不是這種立竿見影的轉變。PNDC的目標是化解情緒，不是說服。PNDC可以引導人們解除躲在角落的防禦心態；在那裡，他們堅守自己的立場，思維也變得根深蒂固。邀請對方自在地交談，不害怕言語上的報復，就有機會產生轉變。也許無法立見成效（或根本沒有效果），卻能創造出對抗式溝通缺乏的機會。

如果有人理解你分享的資訊或觀點，他們可能會謹記在心，以備將來參考。你可能永遠都不知道自己說過的話對他們產生什麼影響。假如你參與了網路上的討論，也許你永遠都不知道有多少沉默的觀察者，被你那清新的不設防溝通方式影響了。

我曾有過這樣的經歷：我與一些人互敬地談論不相關的話題後，有人向我徵求意見。一位加州農村居民參加艾里森的研討會後，表明她也與積極徵詢意見的保守主義者培養了長期關係。在特定的情況下，這些保守主義者的立場似乎軟化了，或發現自己相信了不可靠的情報來源。這是一個開端，一個緩和氣氛的機會。

身為行動主義分子，我想要什麼？成果！我何時需要？現在！跨越分歧的談話是一種「慢政治」，具有不常見的模糊性質。這也是一種謙卑和不確定的練習——不知道種子是否能扎根——以及相信能生根發芽的行為。

培養PNDC的技巧需要一再練習，但你擺脫優越感和培養謙卑心態後，就能立刻獲得巨大的效益。或許，你無法成為提出問題後，能深刻地引導別人改變觀點的PNDC大師（你也可能辦得到）。但這種真誠、公開、不帶偏見的參與行為可以大幅改變互動的品質，目標是向同樣是人類的夥伴學習，而不是教出可悲的人。

其他

你可能會發現剛開始練習PNDC時，只需改變一種習慣模式持續一兩週，然後改成另一種習慣模式，對你很有幫助。例如，你可以在第一週專心練習保持放鬆、樂意傾聽的臉部表情，盡量不要搖頭和皺眉頭。到了第二週，你可以練習在問題的結尾壓低聲音。過程中，你可以試著避免諷刺、展現傲慢的態度或努力說服對方。

有些人覺得寫作比面對面的交談更容易。不管你信不信，社群媒體對PNDC而言是不錯的訓練基地：你可以花時間擬定周到的回應。還記得第一章提過《瘋狂》雜誌的潛在自由派作家嗎？她說過，所有在社群媒體保持安靜的潛伏者都受到其他人發布的貼文影響。試試看吧，但要小心不要被挑釁的貼文引誘，有些發布者可能是自動執行的程式。

橋樑聯盟（Bridge Alliance）是由高尚天使、客廳對話（Living Room Conversations）等團體組成的網絡，可以使你與有興趣參與文明交流的保守主義者聯繫起來。「玩轉政治」組織的臉書社群為那些試圖在社群媒體互動中練習表達「客套話」（與PNDC有一些共同點）的人提供空間。

如果你生活在自由主義的虛幻中，想知道保守主義者的想法但不必看福斯新聞，你可以訂閱「了解保守派」（Red for the Blue）的時事通訊（網址：redfortheblue.com）或《另一面》（*The Flip Side*；網址：theflipside.io/）。

聽迪倫．馬龍（Dylan Marron）的播客《與怨恨我的人對話》（*Conversations with People Who Hate Me*；網址：dylanmarron.com/podcast/）也很有趣。有些人針對他的教育性社會正義影片留下充滿種族歧視、恐同的言論，後來他在播客中與這些人進行通話。「大多數人感覺到心聲被聽到時，態度通常會放軟，」他說：「他們甚至會為了回報而聽你說話。」

馬龍將同理心與溫和幽默感的和平象徵，延伸到言語虐待者身上的能力，顯然勇敢又出色。他在TED演講中說：

> 在我開始執行這項專案前，我認為帶來改變的有效方法是透過字字珠璣的影音、留言及貼文來抵擋對立的觀點。但我不久就發現，只有本來就認同我的人繼續鼓勵我……有時候，你能做的顛覆性事情就是與你不認同的人交談，而不只是對他們冷嘲熱諷。

如果你想磨練技能，我大力推薦你參加PNDC網路研討會或專題討論會，因為你能從中了解到許多額外的工具和見解，以便促進更良好的交流體驗。你也可以聽艾里森的CD，或讀她寫的書《和平溝通法》（*Taking the War Out of Our Words*）。該書提供PNDC的詳盡介紹，以及許多關於PNDC奇蹟的現實生活故事。最後一點，你在這本書的網站上可以找到示範影片、問題示例、立場聲明，以及許多關於敏感話題的對話，還可以登記PNDC培訓的通知。

結論
架橋或拆橋？

發起一場運動的最終目的，是為了讓所有人恢復人性，甚至包括薄情寡義的人。

——艾莉西亞・加爾薩，黑命關天運動的共同創辦人在當今公德心淪喪的風氣下，我想在這本書的結尾回答一個我在過去幾年反覆問自己的問題：為何要那麼麻煩地去跟不同圈子的人對話？

如果沒有跨越分歧的公共審議，民主就不能順利運作。公共審議需要明智的大眾信任不同制度，以及人民彼此互信。欠缺任一要素時，一般人會受到善於喚起部落忠誠，並善於操縱習性、恐懼及認知錯誤的人支配。

右派媒體的假消息以及主流媒體對企業有利的本質，使公眾吸收過多資訊，但真實的消息不夠靈通。這種狀態在短期內不太可能改變。我們不能控制別人接收消息的來源，但我們可以試著溝通。然而，只有不到四分之一的人能說出社群網路中持反對意見者的名字。

大多數美國人都習慣迴避衝突。他們避談政治，是因為不想捲入局面可能變得難堪的事。他們是「疲憊的多數派」，即使他們相信傾聽圈外人的意見很重要，卻對黨派性強的敵意很反感，因此他們寧可遠離政治。這些人占全國六十七％的人口。

「疲憊的多數派」顯露冷漠態度令人失望，但他們的開明思想值得讚賞。這種沒有偏見的心態往往被看輕。在極端的部落文化氛圍中，我們很容易批評心胸寬廣的人與敵人同流合污。

我們多多少少都會對某些議題抱有成見，例如白人至上主義。如果有人告訴我，非洲人很喜歡被奴役的感覺，我一定不會去思考他說的這番話。但即將到來的可能是，白人至上主義的概念擴展開來，觸及的範圍也變得廣泛，以至於我們覺得自己不能對平權法案或戰爭賠款抱持開放的態度。即便考慮到更保守的立場，也會讓白人至上主義延續下去，因此這種言論應該要被禁止。每個人都應該為自己願意和不願意公開考慮的事劃清界線——重點在於有意識地根據你的需求（而非根據部落的需求）來劃定邊界。這不是容易的事。身為氣候行動主義分子，我無法接受氣候變遷是一場騙局的概念。但是，對於水力壓裂的天然氣是否應該用做過渡性燃料，我能抱持開放的態度嗎？即使我堅決反對，我還是能夠進行這樣的對話。為了重新思考，開放你的信念體系可能會讓你感到不舒服或脆弱。布芮尼·布朗（**Brené Brown**）在自己寫的書中稱之為「勇闖荒野」，而荒野是指你以謙卑態度活出自我的地方。

如果有人或團體不認同你的觀點，而且他們的反對意見對於你希望在世界上看到的改變是一種障礙，那麼理解他們的反對原因並解決問題，或判斷他們是對的而你是錯的，便是很重要的事。如果你不在乎其他人的顧慮，只是重申自己的談話要點，此舉就是「自言自語」。政治理論家漢娜·鄂蘭（**Hannah Arendt**）寫過關於培養「開闊之心」的重要性：「我思考某個議題時，腦海中出現不同人的觀點愈多，我愈能想像自己站在他們的角度時，會有什麼樣的感受和想法。我表現出來的思維能力愈強，最後以自己的意見得出的結論就愈站得住腳。」

在某次跨黨派的研討會上，我認識到一些關於保守派對社會福利計畫感到憎惡的重要資訊。他們把社會福利當成扶貧計畫。按照這個標準來看，該計畫失敗了，因為大多數依賴社會福利的人在接受救濟之前、期間及之後都是窮人。不幸的是，我把社會福利當成純粹讓人民活下去的生存計畫。於是，我向保守派傳達了我們對社會福利計畫的不同期望，然後闡述我們的共同立場：從來都沒有人希望變成需要依賴社會福利的窮人。我也指出，我們對貧困的原因及如何解決貧困的辦法可能有不同的看法。許多人點頭表示認同。假如我當初與他們進行的是一場對抗性的談話，應該就不可能說出這些話了。

這次的對話使我進一步思考：將政府的救濟計畫塑造成「脫離貧困」，不僅使計畫在財政保守派的眼中顯得失敗，也逐漸破壞真正的經濟正義。我願意捍衛任何人保留福利的權利，但如果我贊同社會福利計畫是解決方案，而非不夠充分的權宜之計，那我就不會提倡更理想的收入平等與重新分配的措施。如鄂蘭建議的，我嚴格審視自己的觀點後，改善了自己的立場，並有機會為一場分化程度較低的討論——關於如何幫助人們擺脫對社會救濟的需求，打下基礎。

史丹佛大學審議式民主中心（Center for Deliberative Democracy）主任詹姆士・費希金（James Fishkin）開發了一種對話過程，能使有效的對話潛力顯而易見。商議式民調（Deliberative Polling）是高度結構化的流程，具有代表性的不同人在週末聚在一起，針對政策議題進行商議。參與議題討論的雙方提出相互矛盾的分析後，審查資料並長時間與「專家」交談，以及雙方互相詳談。

這些人的想法在週末期間發生了變化。在德州舉行的商議式民調集會中，贊成為可再生電力多支付一點費用的參與者從五十二%上升到八十四%，使德州成為風力發電的龍頭。此外，在某次全國的商議式民調集會期間，贊成增加聯邦教育支出的選民上升了十四個百分點，而支持統一稅率的選民減少了。

在二〇一九年的高尚天使大會上，紐約的「黑命關天」領導人霍克・紐森（Hawk Newsome）與辛辛那提的茶黨領袖雷・沃里克（Ray Warrick）同台。紐森向沃里克及以白人居多的觀眾傳達了有禮貌又有說服力的訊息：黑人瀕臨消亡，但大多數白人好像表現得不在乎。紐森的情緒激昂，卻也親切恭敬。大家都聽到了他的心聲。對話結束後，來自阿肯色州的白人女性站了起來，為她之前說過的「人命關天」（All Lives Matter）[1]道歉，因為她聽完紐森說的話後，明白自己喊的口號不公正。

根據我參與跨黨派研討會的經驗，我沒有觀察到明顯的觀點轉變，但我不再習慣諷刺共和黨人了。大多數共和黨人比我原本的印象更親近、更細心、更開明、更有見識，也更善良。如果有奇蹟發生，他們對我也有同樣的感覺，那我們的黨派敵意就消除了。我有理由相信類似的奇蹟會發生，而且確實發生了。有幾位保守主義者曾在研討會上說，他們從捍衛社會福利計畫的自由派參與者身上，看到了之前沒有察覺到的真誠關懷。其中一人發現，我們並不是從受壓迫者那裡榨取選票的強硬支持者，而是真誠地關心人們的福祉。他們終於了解我們，使我們有認同感。

除了偶爾參與跨黨派的研討會，大多數美國人都生活在自由派或保守派的泡影裡。漸漸地，黨派性強的泡影增強了分黨結派和防禦性的傾向，雙方都認為對方的觀點比較極端（一個人關注的特定消息愈多，他的看法就愈不準確）。

政治學家莉莉安娜．梅森（Lilliana Mason）是研究黨派分化的專家。她認為極端分化是川普這種善於引起分歧的人的理想局面。川普告訴自卑的白人基督徒，他們的圈子在人數與文化主導地位方面有下滑的趨勢，以不公平為由，目的是激怒他們。唯一的解決辦法是賦予他擔任黨派領袖的權力，讓他反擊其他黨派。他經常提到「贏家」與「輸家」，暗示所有認為自己是「輸家」的人加入「贏家」的行列。回想一下這項實驗：一般人會選擇領少一點報酬，前提是「圈外人」的報酬更少。也就是說，對「圈外人」的報復心大過理性的自身利益。

川普的勝利正是政治學家所說的極端「消極分化」。想想那些坦承自己不喜歡川普的共和黨人，他們竟然討厭希拉蕊。這不單純是厭女症的問題——他們把希拉蕊當成民主黨出問題的象徵，也是他們的死敵，決不讓她有獲勝的機會。

消極的黨派分化幫助了川普，甚至使我們陷入僵局，削弱人民對民主的信心，激起冷漠的反應，並使共和黨人堅稱政府不起作用的說法更可信。糟透了。

根據以色列與巴勒斯坦的某項實驗，顯示了黨派忠誠度凌駕於開明思想之上時，會發生

---

1 反對「黑命關天」運動的口號。

什麼事。社會心理學家向一群以色列人提出一項由以色列人起草的和平計畫。測試小組有一半的人被告知以色列人已制定該計畫，而另一半的人被告知巴勒斯坦人已制定該計畫。你猜猜看，哪一方支持計畫，哪一方反對計畫呢？

在美國，共和黨人不斷嘲笑歐巴馬健保，該方案其實是模仿保守派傳統基金會（Heritage Foundation）的提案。假如是小布希（而非歐巴馬）支持這項方案，或許保守主義者也會跟著支持。另一個黨派偏見比看法更重要的例子是，民主黨人在二〇一三年掌控國會和白宮時，儘管有八十一%共和黨人表面上支持背景調查，但其中只有少數人實際上支持背景調查。政治學家一次又一次發現，愈來愈多人下意識地表明政治立場，不是基於本身的信念，而是基於他們對共和黨或民主黨提案的看法。持續性黨派偏見的結果，就是在一系列至關重要的議題上陷入僵局。

自由主義者與保守主義者如何定義和尋求解決問題的方式，似乎有天壤之別，但我相信是黨派對立的因素導致一些共同點被忽略了，就像以色列人的例子一樣。二〇一八年，有六十五%佛州選民支持一項措施：恢復一百四十萬名被判重罪的佛州人的投票權。該措施贏得了看似不可能的盟友支持，包括美國基督徒聯盟（Christian Coalition of America）、極右派商業大亨大衛．科赫（David Koch）與查爾斯．科赫（Charles Koch）。主導這項措施的投票權激進分子德斯蒙德．米德（Desmond Meade）讚揚了競選團隊避開引起分歧的「左派」與「右派」標籤，以及喚起人民的愛與救贖的能力。他們沒有排斥任何人，包括在川普集會上簽署請願書，將該措施列入投票的人。比起決裂，消除隔閡才是取勝之道。米德敦促進步主義者走出封閉的圈子，與不同圈子的人交談，就好比我們與孩子談論性事的必要性——如果我們不做，別人也會做。

政治活躍分子拉爾夫．納德（Ralph Nader）指出了二十五項有可能結合自由主義者與（部分）保守主義者的議題，包括企業犯罪、公民自由、貿易及軍事開支。除了納德列出的項目，我還想加上反壟斷、人工智慧、基礎建設維修，以及大規模監禁、色情作品、鴉片類藥物開藥過量、青少年網路成癮等社會問題。也許保守主義者不肯承認人類的活動破壞了氣候穩定性，但他們可能會認同對抵抗洪水的基礎設施及抗旱農業的需求——真是的！連川普都在建造防波堤，只為了保護他的高爾夫球場。共和黨參議員泰德．克魯茲（Ted Cruz）與民主黨眾議院議員歐加修—寇蒂茲曾經心血來潮，想共同立法讓口服避孕藥變成非處方藥，並禁止前國會議員遊說。

另外還有一些哲學方面的共通性，例如對缺乏人情味的官僚體制和通用解決方案的共同懷疑態度；對憤世嫉俗、貪婪及墮落的悲痛；渴望恢復神聖目的、社群關係及社會契約，因為惡化的情形會導致人們不樂見的狀況，比如藥物濫用、孤獨、犯罪、腐敗、貪婪、大量的繁文縟節，以及無法徹底解決不良行為的刑事處罰。

在被爭端搞得四分五裂的政治舞臺上，納德適當地建議我們將注意力轉向潛在的消除隔閡問題。同時，我們應該認清現實：共同點難以捉摸，甚至在最具代表性的對話中也可能不會出現。但是，即使沒有共同點，依然有共同的生活。我們都在同一艘救生艇上——相處得愈好，就愈了解每個人的核心人性，也愈不容易互相排擠。

彼此找回人情味並非微不足道的事，也許這樣做會讓人覺得軟弱和不重要，但降低疏遠和敵意的程度具有獨特又緊迫的重要性。在二〇一六年大選期間，有十三%的美國人與家人或密友斷絕往來，有二〇%的共和黨人和民主黨人都認為對方的成員是「下等人」。也有很多人認為，只要能消滅大量對手，國家就會漸入佳境。整體而言，有這種想法的人並不是在社會上或經濟上不堪一擊的人，而是教育程度較高的都市人、白人及在政治上被隔離的人。這種可怕的狀況不能只歸咎到共和黨人身上，我們也有錯。我們和右派一起把政治對話轉化為先入為主、富有表現力的冒犯性場面時，便是促成公民素養和參與度的危險消亡。我們也煽動了川普賴以生存的消極分化現象。

心理學家柯克・施奈德（Kirk Schneider）與薩耶德・穆赫辛・法特米（Sayyed Mohsen Fatemi）認為，與其他因素相比，兩極分化的思想為人類帶來更多苦惱和不幸，如今也對人性構成重大的威脅。一般人感到害怕和無助時，就會產生兩極分化的思想，而這種心理狀態會變得難以控制。他們開的解藥是謹慎又不足為奇的對話，並呼籲對文明的基礎建設進行大規模且急迫的公共投資。

寶拉・格林（Paula Green）是備受讚譽的社群間對話引導者，曾在世界各地的衝突地帶工作。她認為美國處於內戰的危險境地，並指出許多非白種人與移民的社群相信戰爭早就開始了。民兵部隊在邊境巡邏時，歹徒持槍掃射清真寺和黑人教會；「另類右派」仇恨組織的激進分子和安提法人士（或內奸）互相攻擊；自稱是黑人民族主義者的歹徒射殺達拉斯市的警察；揮舞著大刀的政敵在肯塔基州砍傷支持民主黨的大學生，可見格林的擔憂很合理。

格林終其一生是個行動主義分子，她明白光靠對話無法改變世界，但對話仍是不可或缺的要素。

對話是一種社會變遷的過程……你可以把一些人帶到室內，享受美妙的歡聚時刻。大家都可以善待彼此，懷抱希望。那又怎樣？如果你只專注在組織變化的層面，而且你沒有夥伴一起共事，改變就不會持續下去。如果你只與一群人合作，但沒有考量到組織的層面，那麼不公正的體系就會繼續存在。這種平衡關係一直都在。

對話不是靈丹妙藥，但我相信除非我們開始交談，並消除黨派的兩極化現象，否則我們不可能擺脫困境，也無法創造持久的積極變化。我們選出來的官員不打算做這件事，因此我們要引領潮流。沒有速戰速決的辦法，只有在不可知的期限內執行艱苦的轉變。最好即刻開始。

我們鼓吹社會正義、環境正義及反戰時；我們試著支持民主機構和工會、恢復投票權，並讓金錢脫離政治時；我們協助各級政府的進步主義候選人競選，或建立支持進步主義的第三黨時，只要我們有強大的公眾支持，顯然會更成功。為了取得類似的支持，我們不只要為「同溫層」注入活力，還要擴大規模。如果我們不肯與潛在的新成員交談，或以輕蔑的態度對待他們，我們就無法邀請他們加入團體。沒有人會在被威嚇的情況下改變愚蠢的想法。這是不可能的事。假如有一項讓我們怒氣沖天的議題，我們可以勃然大怒，但如果我們每次開口都大發脾氣，那我們說出的話就會被當成耳邊風。

除了需要強力的支持，我們也需要「淡定」的反對意見。我們得經常面對敵方，但如果我們的輕蔑態度激起了他們的敵意，我們達成目標和成功壓制反彈的機率就會變得更渺茫。即使我們以尊重和同理心對待別人，並站在他們的角度思考（不強迫他們改變想法），他們還是有可能提出異議，但他們的反應也許不會太激烈。同理，溫和派觀察到我們傲慢地譏諷川普及其支持者時，可能會對我們蔑視的對象產生保護欲，並對我們很反感。我們的反擊使惡霸（川普）變成受害者時，我們會在民主選舉中付出沉重的代價。川普深知這種互動關係的特點，一有機會就挑釁左派。

我不鼓勵不擇手段，畢竟尊重與同理心本來就是一種美德，也是民主和道德的要素，而不是操縱手段的武器。如果能因此卸下反對派的心防，那便是一種意外之喜。勇氣與重建中心（Center for Courage & Renewal）的創辦人帕克．帕爾默（Parker Palmer）寫道：「符合共同利益的做法是，撐住我們的政治分歧及其造成的衝突，但不拆散民主依賴的公民社群。」放棄有效對話的可能性，捨棄或玷汙公民文化，就相當於向拖垮國家的法西斯主義和虛無主義的激流投降。人民脫隊後，暴君便會掌權。

根據政治學家雅各・哈克（Jacob Hacker）與保羅・皮爾森（Paul Pierson）的說法，困擾政治的兩極化是「不對稱」。政治明顯偏向右派，其政策卻與大部分的公眾意見相去甚遠。小布希的演講稿撰寫人大衛・弗魯姆（David Frum）說得很貼切：「右派已採納極端保守的激進主義，這在現代的美國政黨政治中前所未見。」無疑的是，偏右派的勢力在川普的帶領下增強了。我們無法立即消除哈克與皮爾森指出的許多不對稱分化因素，但我們可以避免做出使中間選民變得漠不關心或守舊地擁護川普的行為。我們可以停止產生「我們與他們相比」的僵化心態，並開始表現出「我們是一夥的」。

即使是左派的圈子，互相傷害的爭吵有時很像在上演《辣妹過招》（*Mean Girls*）的續集。我朋友的十七歲女兒為州立法大會的民主黨候選人拉票時，也一再遭到反對民主黨候選人的志願者斥責和藐視。儘管我們對保守派嗤之以鼻，我們還有餘力搞內鬥，真是不可思議。

法蘭西斯・李（Frances Lee）是華裔美國跨性別激進分子，被列為二〇一七年「婊子五十」（Bitch 50）中最有影響力的交叉性歧視激進分子之一，也曾發表文章「勇闖荒野」，藉此挑戰左派愈來愈刻薄及在理智方面趨於菁英主義的「叫囂文化」。李認為「對純度的追求」已被帶到適得其反的極端——自以為是的夥伴互相辱罵和羞辱。李說：「我看到無數人因為差錯和過失而在社群中無情地爭鬥後，我開始害怕自己的夥伴了。」

李的文章吸引了許多讀者評論。他們不但肯定了李的觀察結果，也各自分享對羞辱、背叛的痛苦感受，以及對看起來更注重思想監督、較不注重社會運動發展者的憤怒。某位酷兒學生是行動主義分子，在《麥基爾日報》（*The McGill Daily*）發表一篇十分類似的文章。她讚揚夥伴的奉獻與善意，但譴責他們武斷、自命不凡，以及盲目地以為自己的觀點正確，而「外人」都被蒙蔽了。

看看我們變成什麼樣子了？自願為「錯誤」的候選人服務，或不熟悉用來壓迫別人的最新詞彙就是壞事嗎？同情川普的選民會讓我們有罪惡感嗎？我們是否已經將自我價值定義成輕蔑程度的結果？

我們的溝通方式具有感染力。當我們互相毀謗時，其他人會注意到。我們的朋友、家人、抵抗運動夥伴也會注意到。就連社群媒體上的沉默潛伏者也會注意到。效果擴及到世界各地。無論是好是壞，這種感染力是文化改變的一種方式，或許是主要方式。我們有能力使文化變得更仁慈和人道，或變得更不友善和不近人情。

走出川普時代並進行重建，需要塑造與此政體背道而馳的形象，首先是缺乏人情味的部分。我們不會比酸民更尖酸刻薄，也不會比挑撥離間者更愛搬弄是非，因為我們可以戰勝他們。我們並不會因為成為抵制的角色而取勝。

莎莉・科恩（Sally Kohn）是作家，也是行動主義分子。她說：「我希望大家都能減少心中的仇恨。我也認為進步主義者應該帶頭示範，反正都要有人先開始做。」我也這麼想。我希望大家不要像我提過的女子那樣質疑「愛國祈禱者」自閉男子沒有撕毀標語，而是要像跨性別激進分子維吉尼亞那樣，讓同情心引導對話；要像在佛州的川普集會上鼓動支持的投票權激進分子；要像讓我了解政治迫害和恐同症，但沒有羞辱我的研究生。我希望大家少談「蠢白人」，多談些不負責任的企業；少談福斯新聞的觀眾有多麼愚昧無知，多談些如何創造新的媒體模式；少談別人有多麼守舊，多談些世界各地的勞工有什麼共同點。我希望進步主義者能告訴選民，他們要在二〇二〇年投給誰的理由，而不是告訴他們投給川普就是傻瓜。

我國的「非常時期」離結束那天還很遠。超越輕蔑的心態，能啟發我們更仁慈的一面，讓我們憑良心說話、修補殘缺，並重新燃起民主精神。

亞當斯密014

失控的蔑視性社會

當塔綠班、藍蛆、4%仔成為我們面對異己的暴力語言，該如何找回理性的對話可能？

Beyond Contempt: How Liberals Can Communicate Across the Great Divide

作者　艾瑞卡．埃特森（Erica Etelson）
譯者　辛亞蓓

堡壘文化有限公司
總編輯　簡欣彥
副總編輯　簡伯儒
責任編輯　簡伯儒
行銷企劃　許凱棣、曾羽彤、陳品伶
封面設計　廖勁智
內頁構成　李秀菊

讀書共和國出版集團
社長　郭重興
發行人兼出版總監　曾大福
業務平臺總經理　李雪麗
業務平臺副總經理　李復民
實體通路組　林詩富、陳志峰、郭文弘、吳眉珊
網路暨海外通路組　張鑫峰、林裴瑤、王文賓、范光杰
特販通路組　陳綺瑩、郭文龍
電子商務組　黃詩芸、李冠穎、林雅卿、高崇哲、沈宗俊
閱讀社群組　黃志堅、羅文浩、盧煒婷
版權部　黃知涵
印務部　江域平、黃禮賢、林文義、李孟儒

出版　堡壘文化有限公司
發行　遠足文化事業股份有限公司
地址　231新北市新店區民權路108-2號9樓
電話　02-22181417　**傳真**　02-22188057
Email　service@bookrep.com.tw
郵撥帳號　19504465遠足文化事業股份有限公司
客服專線　0800-221-029
網址　http://www.bookrep.com.tw
法律顧問　華洋法律事務所　蘇文生律師
印製　韋懋實業有限公司
初版1刷　2022年3月
定價　新臺幣400元
ISBN　978-626-7092-13-2

國家圖書館出版品預行編目（CIP）資料

失控的蔑視性社會／艾瑞卡．埃特森（Erica etelson）著；辛亞蓓譯. -- 初版.
-- 新北市：遠足文化事業股份有限公司堡壘文化, 2022.03
　面；　公分. --（亞當斯密；14）
譯自：Beyond contempt : how liberals can communicate across the great divide
ISBN 978-626-7092-13-2（平裝）

1.CST: 人際傳播　2.CST: 溝通技巧　3.CST: 政治文化　4.CST: 美國

177.1　111002246